CRIPTOMONEDAS

JOSU IMANOL DELGADO Y UGARTE

FRANCISCO JOSÉ SAAVEDRA BAULÓ

www.criptomonedas.guiaburros.es

EDITATUM

Diseño de cubierta: © Looking4

Maquetación de interior: © Editatum

Primera edición: Enero de 2019

Segunda edición: Septiembre de 2019

ISBN: 978-84-17681-07-4

Depósito legal: M-6785-2019

Impreso en España/ Printed in Spain

Agradecimientos

JOSU IMANOL DELGADO Y UGARTE

A mis padres, por todo el amor, enseñanzas y apoyo que me dieron durante el tiempo que estuvieron a mi lado. A mi esposa, a Imanol y Matxalen. Además, la hago extensiva también a todas aquellas personas que me han brindado su ayuda a lo largo de mi vida. *Semper gratias ago.*

FRANCISCO JOSÉ SAAVEDRA

Quiero dedicar especialmente este trabajo a toda mi familia, que con su apoyo, cariño y esfuerzo han contribuido a que ahora mismo esté donde estoy.

Sobre los autores

Josu Imanol Delgado y Ugarte es economista y doctor en Administración de Empresas y Finanzas. Máster en *Business Administration* y Máster en Finanzas. Medalla de Oro Europea al Mérito en el Trabajo y Estrella de Oro a la Excelencia Profesional, ha ampliado su formación en universidades americanas de primer nivel en áreas de Finanzas y Estrategia Empresarial. En el año 2011 realizó una descripción del modo de salir de la crisis económica que padecía España. En el año 2014 señaló que, a causa de la desigualdad y el maquinismo, el crecimiento económico se vería negativamente afectado; en enero del año 2016, en el Foro Económico Mundial de Davos, señalaron estas causas como peligros para la economía mundial. Expuso también, que, por ello, la Ley de Okun se encuentra distorsionada y no funciona en estos momentos. Es autor de otros diecinueve libros más sobre Finanzas, Economía y Administración de Empresas. Ha publicado más de cien artículos de opinión en la más prestigiosa prensa especializada y general. En el año 2016 fue candidato al premio de investigación social realizada de la Fundación para el fomento de Estudios Sociales y de Sociología Aplicada (FOESSA). También en el año 2017, fue candidato al Premio Rey Jaime I de Economía. Actualmente es Consultor Económico de inversiones, estrategia, reingeniería y cultura empresarial.

Francisco José Saavedra Bauló, periodista y realizador de radio y televisión, estudió en la Universidad Complutense de Madrid. Ha dedicado su vida profesional a la radio, principalmente con etapas en la cadena SER, Onda Cero, Radio Nacional de España, Radiocadena Española, Cope y TVE.

Durante varios años ha sido enviado especial de distintos medios para cubrir torneos profesionales de tenis de la ATP y WTA.

Desde 2005 es el coordinador general de Radio Esperantia, una emisión *online* de radio y a través de móviles con tres canales diferenciados en los que realiza programas de economía, geopolítica y música relacionada con el jazz.

Es coautor del libro *La transformación social, política y económica de nuestro mundo*.

Interviniente en programas de televisión para responder sobre consultas relacionadas con Oriente Próximo. También es tertuliano habitual en Radio Internacional. Actualmente dirige y presenta el programa "Geopolítica" en Radio Esperantia, así como "Mercado de Capitales" y "Confusión".

Índice

Prólogo

Mi interés por los activos digitales, más popularmente conocidos como «criptomonedas», viene de lejos; en realidad, desde que la innovación se convirtió en mi inseparable compañera profesional. Digamos que tengo cierta propensión a «llegar antes de tiempo». Por eso enseguida acepté con gusto prologar *Criptomonedas*.

Uno de los problemas que presenta este nuevo paradigma que envuelve al mundo de la nueva economía descentralizada, es precisamente el lenguaje excesivamente críptico que manejan los expertos. La pasión por comunicar encendió en mí el reto de intentar acercar el fenómeno «cripto» al conjunto de la sociedad. Divulgar con rigor es una de las asignaturas pendientes que las criptomonedas han de superar para que su estabilidad y proyección no se vean amenazadas.

En 2018 se puede ya asegurar que no nos encontramos en la coyuntura más adecuada para adentrarse en el mercado de las criptomonedas. Con un par de datos se entenderá el trepidante contexto en el que escribo: el 17 de diciembre de 2017 el *bitcoin* alcanzó el mareante techo de los 19 798 dólares; el 16 de diciembre del año siguiente su precio es de solo 3205,77 dólares. El mercado entró de lleno en fase *bearish*, una caída libre de más del 95 % desde su valores máximos. Tan espeluznante encrucijada divide al mundo entre los que se bajan (al menos de momento) del experimento de las criptomonedas y los que se sienten irrefrenablemente atraídos por ellas, independientemente de la volatibilidad. Miedosos o pusilánimes frente a audaces o temerarios.

Para hablar del presente de las criptomonedas hay que hacer referencia, al menos, a dos hitos del pasado: la creación del bitcoin y el auge de la tecnología *blockchain*. La leyenda del primero es fácil de datar por las referencias que se conservan; no así su autoría, que permanece envuelta en un misterio aún sin desvelar debido a que aparece protegida tras el pseudónimo de Satoshi Nakamoto, nombre asignado a la persona que creó el protocolo Bitcoin. En 2008, Nakamoto publicó un artículo en la lista de correo de criptografía metzdowd. com, que describía un sistema P2P de dinero digital. En 2009, lanzó el software Bitcoin, creando la red del mismo nombre y las primeras unidades de moneda, llamadas bitcoins.

Por su parte el blockchain —la tecnología subyacente a Bitcoin— promete cambiar la forma en que entendemos las bases de datos, los mecanismos de transferencias, la trazabilidad de objetos y personas a través de un sistema que prescinde de entes centrales de confianza. Pero el blockchain va más allá de la funcionalidad de los criptoactivos o de su primer modelo de uso: Bitcoin. Su progresiva implantación en numerosas empresas cambiará la mayoría de los modelos de trabajo y de las relaciones humanas. Si en su día internet supuso una revolución, blockchain «revolucionará aquella revolución», transformando radicalmente los mercados, los negocios y hasta la forma de convivir entre nosotros.

Tengo la suerte de no ser lo suficientemente tecnológico como para que los algoritmos me impidan percibir lo que las personas de a pie sienten ante este tipo de innovaciones tan disruptivas, entender cómo son aceptadas o rechazadas y por qué. Lo primero que me parece interesante considerar es la realidad del dinero, su origen y cómo ha evolucionado; en realidad, es una herramienta que inventa la civilización para facilitarnos el intercambio de bienes y servicios. En una frase: ponerse de acuerdo acerca del valor de algo.

Para este objetivo, también podríamos hablar del oro —patrón milenario—, de activos financieros modernos o de medios de pago que van desde las monedas, el papel o el dinero de plástico hasta el sencillo *click* que accionamos en nuestro PC al ordenar una transferencia sustentada en *bits*.

Resulta que en torno al nacimiento del bitcoin y la posterior cristalización del fenómeno blockchain, se produce uno de los hechos históricos de mayor impacto global: la crisis de 2008. El derrumbamiento de las grandes instituciones —garantía hasta ese momento de los bienes y patrimonios personales— dejó en evidencia un sistema que arruinó a muchas personas y quebró un buen número de organismos y entidades financieras. Una enorme irresponsabilidad de las autoridades regulatorias que abocaron al desamparo a miles de familias y empresas que confiaron en ellas.

Bancos centrales, gobiernos, administraciones públicas, organismos reguladores, grandes consultoras y auditoras entonaron entonces un *mea culpa* con la boca pequeña, porque de hecho, los platos rotos del descuido institucionalizado y corporativo los pagaron los mismos ciudadanos.

Lo que yo denomino la «venganza inconsciente de la sociedad» toma forma con las criptomonedas bajo el soporte de la sólida tecnología blockchain. Para entenderlo bien, es como si ante el desastre económico mundial, los individuos se dijeran a sí mismos que si los responsables de protegernos no lo han logrado, por qué hemos de seguir confiando en sus reglas. Basta con que nos organicemos entre nosotros y surja por consenso un medio de pago al que otorguemos el suficiente valor como para que sea aceptado como válido en el intercambio de bienes y servicios de todo tipo.

Si hay tecnología que garantice la transacción, hay futuro. Por tanto, que nazca y crezca un mercado descentralizado paralelo al convencional es cuestión de tiempo. El bitcoin es el mejor ejemplo, aunque se trate de un caso atípico que no se repetirá fácilmente en otras criptomonedas.

Se acepta silenciosa y discretamente el bitcoin porque hay una gran parte de la masa social en actitud de rechazo hacia las instituciones, de manera que para cuando estos mismos organismos oficiales se han querido dar cuenta, el mercado «cripto» ya es una realidad incuestionable que mueve cientos de miles de millones de dólares. Pero no está exento de dificultades, como la ausencia actual de regulación del sistema y la competencia real que supone para los actuales mercados financieros, así como la amenaza palpable que representa.

Recuerdo que mi padre nunca tuvo que sacarse el carnet de conducir: aprendió sin más con la ayuda y los consejos del mecánico de mis abuelos. Era tan reducido el parque automovilístico que nadie se había planteado aún la necesidad de regular el hecho de conducir mediante un permiso específico. Sirva esta pequeña historia personal para ilustrar la encrucijada ante la que nos encontramos. Millones de personas dispuestas a confiar su dinero de toda la vida en proyectos de criptomonedas a través de las ICO (*Initial Coin Offering*) que, con relativa frecuencia, responden a perfiles de visionarios o estafadores de los de toda la vida.

Pero el concepto de que una actividad aporte valor y permita crear una criptomoneda tiene todo el sentido del mundo. ¿Qué valor tenían Google o Facebook cuando empezaron? Si leemos sus inicios hay que ser muy audaz y contar con bastante dinero como para invertirlo en este tipo de empresas, que además de absolutamente innovadoras, carecían de un plan de negocio claro. Sabemos que los inversores que apostaron por ellas ahora son afortunados, pero en aquel momento invirtieron más como si fueran locos o inconscientes. Encontramos cierto paralelismo con las actuales criptomonedas.

La falta de regulación es un arma de doble filo. La misma que la de una regulación aún desconocida y de la que cada vez se habla más. Muchos de los que estamos en proyectos de criptomonedas deseamos una regulación cuanto antes porque, obviamente, se traducirá en confianza por parte de los inversores. Pero también tememos que en la regulación se tenga solo en cuenta el punto de vista de los poderes tradicionales fácticos: los Estados, los Gobiernos, los bancos centrales, las grandes corporaciones, etc. Una regulación sesgada a favor de una parte de los actores —en este caso sobrevenidos— será uno de los mayores errores en los que se podría incurrir. La rebelión de la revolución iría a más, y lejos de alcanzar el acuerdo deseado, quebrantaría el movimiento de transparencia y seguridad que avala la tecnología blockchain.

Si internet cambió definitivamente el consumo de la información en sus más diversas formas (datos para toma de decisiones, medios digitales de comunicación, *marketing* y comercio, recursos humanos, formación y talento, arte y artistas, etc.), blockchain representa el paradigma de garantía y seguridad. Suelo vincular en este punto el doble significado del prefijo cripto— que aporta una interesante perspectiva semántica para la comprensión y posterior adopción de las criptomonedas. Cripto— es, ciertamente, algo que está oculto, que no se ve, que en el caso que nos ocupa lo representan los criptoalgoritmos y su difícil desencriptación. Pero simultáneamente y sin posibilidad de desagregarlo, cripto, también me habla de seguridad e imposibilidad de manipulación.

De alguna manera, las criptomonedas son más fáciles de proteger de los atracos que las tradicionales sucursales bancarias, donde se guardaban cantidades sustanciosas de dinero en metálico. O que las mismas cámaras acorazadas que, en teoría, protegen joyas y objetos de valor en general. Su localización y el hecho de que alguien pueda usurparlas, es el sentido de negocios tan reconocidos como las compañías de seguros o de vigilancia.

Decir «cripto» acabará siendo sinónimo de seguridad. Y gracias a la tecnología blockchain significará también transparencia e incorruptibilidad. Muchos de los problemas de corrupción que actualmente azotan a los gobiernos de los países quedarían zanjados aplicando la trazabilidad del blockchain. Quizá aquí, justamente en este punto, alguno pierda la esperanza de que el tándem criptomonedas/blockchain tenga futuro. No le faltaría razón, tal como anda hoy por hoy la clase política. Pero también es cierto que los grandes cambios cuajan y son efectivos cuando la realidad se impone en la sociedad y los ciudadanos nos convertimos en activistas.

Cada vez más personas saben en qué consisten las criptomonedas y por qué no conviene perderlas de vista, e incluso arriesgan a invertir en ellas. La cultura de los criptoactivos se implanta poco a poco en la mente, incluso en los sentimientos, con una notable capacidad emocional. La cripto-cultura ya está aquí y se extiende como una mancha de aceite, empapando los resquicios de las actividades humanas en su sentido más amplio.

Precisamente el esquema conceptual de las criptomonedas está demostrando una gran capacidad de adaptación a todo tipo de mercados, al desaparecer los límites de los diferentes idiomas. El mundo de internet, sobre el que también se apoya el modelo de las criptomonedas, expulsó hace ya tiempo la discriminación de la ubicación y el origen de quienes participan. He aquí parte del problema regulatorio ante el que se enfrentan los dirigentes mundiales, los centros de poder político, financiero y culturales.

¿Por qué apuesto por el blockchain y su específica aplicación a las criptomonedas? Porque me resulta más fiable que el sistema actual, donde entidades bancarias hacen desaparecer de un día para otro los ahorros de terceros a través de un sumidero abierto por unos «responsables» a quienes confié mis recursos. Cuando doy un apretón de manos al cerrar un contrato quiero transmitir lo que siempre ha significado ese gesto: confianza. Cuando lo hacemos con un fondo de inversión o un banco, esperamos obtener «confianza mutua». Pero la realidad lo desmiente una y otra vez. Blockchain, sin embargo, es el apretón de manos codificado, descentralizado y transparente que no admite vuelta atrás. Si los sistemas de siempre hacen saltar por los aires —con demasiada frecuencia— la confianza de esa ancestral fórmula, es sencillo aceptar que el futuro que se nos avecina, en este aspecto, resulta claramente mejor y más fiable.

Criptomonedas es una guía, más que una introducción a la economía del futuro; su lectura será, probablemente, un punto de inflexión para sus lectores, porque se adentrarán con buen pie en este proceloso y emocionante nuevo universo de los activos digitales.

Julio Pérez-Tomé Román

Director de Marketing de InnovaMinex

Presentación

Soy una acérrima creyente en las criptomonedas. Tarde o temprano serán parte esencial de nuestra vida y las próximas generaciones ni siquiera recordarán esta época, de la misma forma en que nosotros no concebimos un mundo sin internet.

El mercado de las criptomonedas es cambiante, se mueve rápido, es impredecible y «salvaje». Casi a diario nacen nuevas criptomonedas, las más veteranas mueren, los *adopters* se enriquecen mientras los inversores pierden su dinero. Cada criptomoneda tiene una promesa que ofrecer, algún proyecto grandioso que aspira a «cambiar el mundo», y el 90 % fracasa, pierde su valor y desaparece. Pero esta realidad no cambia el hecho de que las criptomonedas han llegado para quedarse, y de alguna manera, para cambiar realmente el mundo. Esto es un fenómeno que está teniendo lugar mientras lee estas líneas, así que preste atención y «tome nota» para no perderse ante los acontecimientos que se avecinan y que sin duda se desarrollarán en el futuro inmediato.

Una criptomoneda es una forma digital de moneda que utiliza criptografía, fundamentalmente para garantizar la seguridad. El blockchain —la tecnología que soporta las criptomonedas— es tan revolucionario porque permite el intercambio de los valores directamente entre las partes interesadas. No se requiere que las partes implicadas tengan que confiar en mutuamente entre sí, ni necesitan recurrir a un intermediario. El blockchain remplaza la confianza en las organizaciones centrales por un «código fuente». Las criptomonedas han ganado rápidamente popularidad en los últimos años gracias al bitcoin, debido —en gran medida— a sus características:

— **Descentralización por naturaleza**: la red de Bitcoin no está controlada por una autoridad central. Cada máquina que mina bitcoins y procesa transacciones, crea parte de esa misma red y las máquinas trabajan juntas. Esto significa en teoría que una autoridad central no puede intervenir con una política monetaria y causar un desastre, o simplemente decidir retirar los bitcoins a la gente.

— **Sencillo de establecer**: si comparamos la forma tradicional de abrir una cuenta bancaria con el modo de crear una cuenta de bitcoins, comprendemos la enorme diferencia. En el caso de Bitcoin basta con unos minutos, incluso unos segundos, para darla de alta: nadie te pregunta ni te cobra nada.

— **Anonimato**: los usuarios pueden disponer de múltiples cuentas de Bitcoin, sin que sea necesario identificarse facilitando información personal.

— **Transparencia**: Bitcoin almacena la información detallada de cada transacción individual que se realice en la red, como una potente versión de un libro mayor de contabilidad, llamado blockchain. Aún así, hay formas en que las personas podrían hacerlo más opaco, ya que no utilizan las mismas direcciones de Bitcoin de manera consistente y no transfieren muchos bitcoins a una sola dirección.

— **Las tarifas de transacción son mínimas**: quizá sea esta la parte más importante. Las transferencias internacionales cuestan una cantidad importante de dinero, pero no ocurre igual con Bitcoin.

— **Rápido**: podemos enviar dinero a cualquier parte y llegará en minutos, tan pronto como la red de Bitcoin procese el pago.

Para tener claro sobre lo que está sucediendo con las criptomonedas, volvamos al pasado y revisemos lo que había al principio. La idea de las criptomonedas (monedas digitales cifradas criptográficamente) se ha movido en los círculos académicos desde la década de 1970. Fue en 2007 cuando comienza el concepto de bitcoin. Se cree que fue iniciado por Satoshi Nakamoto; aunque no se sabe mucho de él, aparece como residente en Japón. De hecho, muchos especulan que ese nombre podría ser solo un seudónimo detrás del cual se ocultara más de una persona. Los primeros dos hitos para la criptomoneda tuvieron lugar el 18 de agosto de 2007, al registrarse el dominio bitcoin.org. Luego, el 31 de octubre de ese mismo año, el misterioso «Satoshi Nakamoto», diseñó Bitcoin y publicó un artículo que puso en marcha el fenómeno: un sistema electrónico de pago en efectivo *peer-to-peer*. Esto llevó a la creación de la red de bitcoins, que permitió la creación y transmisión de los primeros bitcoins. Bitcoin es conocida como la criptomoneda más utilizada del mundo, y a la que generalmente se le atribuye haber logrado crear este movimiento como principal tendencia. En 2014, un joven llamado Vitalik Buterin comenzó a pensar seriamente en cómo podría hacer más con la tecnología blockchain y las criptomonedas, y creó Ethereum. Esta plataforma utiliza una criptomoneda conocida como *ether* («éter») para facilitar los contratos inteligentes basados en blockchain y aplicaciones. Además, la llegada de Ethereum se caracterizó por la aparición de las ofertas iniciales de monedas (ICOs). ICO (*Initial Coin Offering*) es un sistema alternativo de recaudación de fondos en el que las *startups* de blockchain emiten sus propios *tokens* criptográficos y los venden a cambio de bitcoins (BTC) y *ethers* (ETH). Esencialmente, una ICO es similar a una oferta pública inicial (IPO) en la que los inversores compran acciones de una empresa. Una diferencia importante entre una IPO y una ICO es que los titulares de los *tokens* no poseen ninguna participación en la empresa a la que han contribuido; por lo tanto, la empresa no tiene ninguna obligación real de entregarles las promesas anunciadas a quienes participan. En 2014-2015 el valor de Etereum llegó «a la luna», y por lo tanto las ICOs ganaron en popularidad y se desarrollaron enormemente. Los *tokens* de éter vendidos por 0.31 $ cada uno le proporcionó un retorno de la inversión de más de un 200 000 % a los afortunados inversionistas que compraron durante la ICO, antes de la crisis de 2018. Ethereum ICO no fue el primero, pero sí el más exitoso, y estableció las tendencias de las futuras reglas y mecanismos de recaudación de fondos en el mercado de criptografía para los siguientes años.

Básicamente 2011-2014 fue el periodo en el que las dos principales criptomonedas —Bitcoin y Ethereum— fueron consideradas las más importantes en el mundo «cripto», al hacerse con el poder. A medida que Bitcoin aumentaba en popularidad y se captaba la idea de las monedas descentralizadas y cifradas, fueron apareciendo las primeras alternativas a las criptomonedas existentes. *Altcoins* son estas criptomonedas que se lanzaron tras del éxito de Bitcoin. En general, se presentan como mejores sustitutos de Bitcoin. El éxito de Bitcoin como la primera moneda digital *peer-to-peer* allanó a muchos el camino para seguir. En la actualidad existen literalmente miles de criptomonedas.

El año 2017 y el principio de 2018 se caracteriza como el periodo de la «fiebre del oro» para la totalidad del mercado *cripto*, que colapsó a mediados del año y congeló el mercado ya iniciado el año 2019. Vamos a profundizar un poco en la razón principal que hay detrás de este fracaso. 2017 fue un año de un gran avance, cuando todo lo relacionado con la criptomoneda se convirtió en un «*boom*» y a considerarse realmente oro. La principal criptomoneda principal —el bitcoin— llegó a valer 2000 $ a finales de mayo de 2017, y tras fluctuar hacia arriba y hacia abajo, su valor alcanzó los 20 000 $ en diciembre. Eso fue algo emblemático. Al mismo tiempo, un crecimiento paralelo afectó a la mayoría de las *altcoins* como Ripple, Ethereum, Dash y Litecoin. Las ICOs estaban entrando en el «*boom*»: una avalancha de «cripto-oro». Cada vez más personas se acercaban al mundo «cripto» para conseguir dinero fácil. Cripto-abogados, cripto-medios, cripto-*marketing*, etc., entraron en la esfera, así como un ejército de expertos y asesores en inversiones, *marketing*, comercio, etc. Y honestamente, gran parte de estos eran estafadores. Se trataba de compañías y personas sin la suficiente experiencia profesional en este entorno.

Esto no significa que no hubiera intentos de prohibir o intervenir ante el crecimiento de las criptomonedas durante su época dorada. Los ataques se sucedían incluso desde los reguladores y las grandes corporaciones, que trataban de mantener la popularidad y el crecimiento del mercado criptográfico y aprovecharse egoístamente con la excusa de «proteger a los inversionistas». Al igual que las ICOs y criptomonedas, al principio se prohibió publicitar en Facebook, Google, Twitter y casi todas las plataformas publicitarias con amplia audiencia. Los reguladores volvían anunciando amenazas y nuevos requisitos, pero parecía que nada frenaría el avance y prosperidad del mercado «cripto». Las apuestas se elevaron como nunca, la actividad estaba caliente y nadie pensó ni siquiera en irse. Las cripto-personas eran positivas y capaces de superar cualquier desafío: la suerte estaba de su lado. Pero como se sabe, la suerte es caprichosa y de repente le dio la espalda. Esto fue exactamente lo que sucedió.

Muchos de los inversores criptográficos se enfrentaron a los diferentes tipos de estafa con las ICOs y criptomonedas, pero siguieron invirtiendo hasta que en 2018 se produjo la fuerte caída del precio del bitcoin, y como consecuencia el mercado de las criptomonedas se desplomó. Los pesimistas estaban prediciendo el final de las «cripto» mientras los optimistas pensaban que se trataba solo de la típica fluctuación, como solía ocurrir antes con los activos criptográficos. El viento del cambio ya estaba allí, demasiado tarde para que los reguladores entraran en el juego. El final del verano de 2017 llegó marcado por la apariencia de los reguladores, con la SEC de Estados Unidos desempeñando el papel principal, junto con Singapur, China y Corea. Sin experiencia ni conocimientos valiosos, la inmensa mayoría de los proyectos, inversores e intercambios sintieron el pánico. En el verano de 2018, Bitcoin se estanca y la incertidumbre reina en el mercado de inversión. Ethereum, considerada como la segunda criptomoneda más fuerte, cayó significativamente hasta el punto más bajo de su historia: 160 $. El otoño de 2018 presentó una baja caída récord de capitalización, y el mercado se congeló: había llegado el «cripto-invierno». El hecho es que nadie sabe cuánto durará esta pesadilla, aunque se conjetura que Bitcoin volverá a su precio y las STO (ofertas de *token* de seguridad) lograrán su éxito. Los *tokens* de seguridad suelen estar respaldados por un activo, como los beneficios o las acciones de una empresa. Los STOs requieren licencia y aprobación por la SEC u otros organismos reguladores. Esto significa que los *tokens* de seguridad tendrán las características y protecciones de los activos tradicionales, tales como las acciones de la compañía. Los expertos esperan que las ofertas de *tokens* de seguridad dominen el mercado blockchain en 2019. Con suerte, los STOs permitirán a una nueva generación de inversores entrar en el mercado y dar confianza a los antiguos a través de la certeza, por medio de la regularización. La gente está emocionada, pero las predicciones bien podrían ser un producto de euforia sin control.

Los reguladores siempre han tratado de tomar el control de las criptomonedas y parecen estar más cerca que nunca. Bitcoin se fundó en los comienzos de la descentralización, lo que significa que las criptomonedas no estaban reguladas por la autoridad central en la forma en que se regula una moneda tradicional (o Fiat). El bitcoin, junto con la tecnología blockchain que hay tras él, sigue siendo un fenómeno bastante nuevo y en las primeras etapas de su evolución. Las autoridades todavía están tratando de controlar esta tecnología antes de intentar llegar a un plan sobre cómo relacionarse con ella, especialmente en relación con las aspectos tributarios y de blanqueo de capitales. Actualmente no existe un criterio internacional uniforme respecto al bitcoin y su legalidad. Sin embargo, como las autoridades van adquiriendo más experiencia y conocimientos sobre el bitcoin y sobre la industria de las criptomonedas en general, es probable que al menos en un cierto nivel se ponga en marcha una regulación mínima en la mayoría de los países. Además, las enormes ganancias de las criptomonedas urgen a las autoridades sobre la regulación del sector. No hace mucho tiempo, Bitcoin captó la atención de los reguladores como resultado de su popularidad entre los vendedores y clientes en la *dark web*, zona de internet llena de comercio ilegal de artículos que van desde armamento a drogas. Un ejemplo es, la nutricionista Silk Road, diseñada por Ulbricht en el mercado libre, un mercado cuya existencia misma estaría fuera del alcance del control gubernamental, socavando así el mismo tejido del Estado. La ideología de Ulbricht era que los usuarios de Silk Road fueran dotados de los medios para decidir por sí mismos qué sustancias querían poner en sus cuerpos, sin tener que enfrentarse a los clanes de drogas peligrosas o caer por falta de atención de las autoridades gubernamentales. Similar a eBay, coincidiría con los compradores y vendedores, permitiendo a los usuarios calificarse entre sí y proporcionar los productos preparados para ser entregados directamente por el servicio postal, sin sospechas, en la puerta de los clientes. A medida que Tor funcionaba como un servicio oculto, las comunicaciones en Silk Road eran consideradas por los usuarios como casi totalmente anónimas. Además, las transacciones se realizaban en Silk Road pero no a través de Bitcoin, sino a través de Tor. Un cliente de Silk Road publicó en un foro de Reddit que algo iba mal con la configuración de Tor y mostraba la dirección IP física real del servidor. Antes de que Ulbricht pudiera corregir el error, el FBI había rastreado la dirección IP y la había localizado en un mapa. Finalmente, Silk Road y la persona que estaba detrás del seudónimo «Dread Pirate Roberts» (DPR) fue arrestado el 2 de octubre de 2013. El FBI inicialmente incautó 26 000 bitcoins de cuentas en Silk Road, por valor de aproximadamente 3,6 millones de dólares en ese momento. Esta historia se volvió viral y los reguladores comprendieron el poder de Bitcoin, y al mismo tiempo, la prueba y el primer motivo sólido para controlar y regular el bitcoin. Veamos cómo los reguladores están ahora tratando de lidiar con él.

— **Reguladores en los Estados Unidos:** United States SEC está liderando en todo el mundo en la regulación de criptomonedas. La SEC es la Comisión de Valores y Bolsa de los Estados Unidos. La Agencia fue creada por el Congreso en 1934 y ahora es la principal organización que controla y regula todas las operaciones en los mercados de valores. Para lograr su mandato de crear transparencia, la SEC requiere que las compañías públicas y otras empresas reguladas proporcionen informes trimestrales y anuales que detallen el proceso de trabajo de la empresa durante ese periodo de tiempo. Hoy en día, una de las principales tareas de la SEC es investigar el mercado de criptomonedas y las instalaciones de inversión relacionadas con ella con el fin de revelar cualquier acción ilegal, como la venta de valores bajo la apariencia de *tokens*.

Sin embargo, todavía es difícil encontrar un enfoque legal consistente para criptomonedas en los Estados Unidos. Las leyes que rigen los intercambios varían según el estado, y las autoridades federales difieren realmente en la definición del término «criptomoneda». El Departamento de Justicia está coordinando con la SEC y CFTC sobre las futuras regulaciones de criptomonedas para garantizar una protección efectiva del consumidor y una supervisión reglamentaria más optimizada. El Tesoro de los Estados Unidos ha hecho hincapié en la necesidad urgente de regulaciones criptográficas para combatir las actividades criminales globales y locales, y en enero de 2018, el Secretario del Tesoro, Steve Mnuchin, anunció un nuevo grupo de trabajo del FSOC para explorar el cada vez más frecuentado mercado de las criptomonedas.

— **Reguladores de la UE**: el Parlamento de la UE no ha aprobado ninguna legislación específica sobre criptomonedas. La fiscalidad de las criptomonedas varía en muchos de los países de Europa. La mayoría de miembros cobran impuestos sobre las ganancias de capital derivadas del negocio de las criptomonedas. En 2015, el Tribunal de Justicia de la Unión Europea dictaminó que los intercambios de moneda tradicional hacia criptomoneda debían estar exentos del IVA. Algunos países que están en la Unión Europea van más rápido en la adopción de criptomonmendas que otros. Por ejemplo, Estonia es una de las varias jurisdicciones que encabezan la adopción de leyes y normas *cripto-friendly* en Europa, junto con Suiza.

— **Reguladores chinos**: el Banco Popular de China (PBOC) prohibió a las instituciones financieras manejar las transacciones de Bitcoin en 2013, y fue más lejos prohibiendo las ICOs y los intercambios nacionales de criptomonedas en 2017. No es sorprendente que China no considere que las criptomonedas sean de oferta legal y que el país tenga una reputación global por las duras regulaciones de las criptomonedas. En enero de 2018, un informe filtrado del PBOC sugirió que las operaciones mineras de Bitcoin pronto serían prohibidas en China. El informe citó el consumo de los recursos energéticos de este trabajo de minería y su tendencia a alimentar la especulación financiera. En febrero de 2018, un esfuerzo conjunto de PBOC y el Ministerio de Industria y Tecnología de la Información reveló planes para expandir las regulaciones de intercambio de criptomonedas a las bolsas extranjeras, prohibiendo el acceso tanto a las plataformas *offshore* como a los sitios *web* de ICO. A través del Instituto de Finanzas Internacionales, el gobierno chino también ha expresado su apoyo a la implementación de un marco regulatorio mundial para las criptomonedas.

— **Reguladores japoneses**: Japón tiene el sistema regulatorio más avanzado del mundo para criptomonedas. A partir de abril de 2017 reconoce Bitcoin; otras monedas digitales se consideran legales y se utilizan como medio de pago. Japón es el mayor mercado del mundo de bitcoins. En diciembre de 2017, la Agencia Tributaria Nacional dictaminó que las ganancias en criptomonedas deben considerarse como «ingresos varios» y los inversores gravados con tasas de 15 % - 55 %. Sin embargo, las ICOs son ilegales.

— **Reguladores surcoreanos**: en Corea del Sur, aunque las criptomonedas no se consideran legales desarrollan actividad de intercambio de criptomonedas. La fiscalidad de las criptomonedas no está clara, puesto que no se consideran ni moneda ni activos financieros. Las transacciones con criptomonedas actualmente están libres de impuestos, pero el Ministerio de Estrategia y Finanzas piensa anunciar un marco tributario en 2018, con impuestos que se espera aplicar en 2019.

— **Reguladores latinoamericanos**: en América Latina, las regulaciones de criptomonedas contemplan un amplio espectro legislativo. Entre los países con una reglamentación más severa se encuentra Bolivia, que ha prohibido de manera exhaustiva las criptomonedas y los intercambios, mientras que Ecuador ha emitido una prohibición de la circulación de todas las criptomonedas aparte del *token* «SDE» emitido por el gobierno. Por el contrario, en México, Argentina, Brasil, Venezuela y Chile, las criptomonedas son comúnmente aceptadas como pago en puntos de venta minoristas y comerciantes. Muchos países latinoamericanos han expresado su preocupación por el efecto de las criptomonedas en la estabilidad financiera y sus riesgos de blanqueo de capitales. Sin embargo, más allá de emitir advertencias oficiales, las autoridades financieras de toda la región aún no han revelado planes para ninguna reglamentación futura significativa sobre criptomonedas.

— **Reguladores rusos**: Rusia parece que no puede decidir cómo quiere manejar las regulaciones de criptomonedas. En septiembre de 2017, la jefa del Banco Central de la Federación de Rusia, Elvira Nabiullina, dijo que el Banco Central estaba en contra de regular las criptomonedas como moneda (como pago de bienes y servicios) y en contra de compararlas con una divisa extranjera. En este acercamiento progresivo en el que, sin llegar a ilegalizarlas, permitió su desarrollo para su integración, el Ministerio de Hacienda publicó el 25 de enero de 2018 un proyecto de ley sobre activos financieros digitales. La ley, si llegaba a legislarse, definiría los *tokens*, establecería los procedimientos de ICO y determinaría el régimen legal para criptomonedas y minería.

¿Qué pasa con reguladores como los bancos? Mientras los banqueros han estado en contra de las criptomonedas, han obtenido beneficios increíbles en comparación con las monedas convencionales. La banca está preocupada debido al impacto negativo que puede tener en su actividad el crecimiento del mercado criptográfico. Los bancos parecen luchar contra las criptomomedas para frenar su índice de crecimiento. Sin embargo, hay algunos actores del sector bancario que no solo están tratando de invertir en criptomonedas, sino también de convertirlos en parte de su sistema. Incluir las monedas digitales en sus transacciones les da relevancia y, como tendencia, asegura que la mayoría de sus clientes se mantienen con ellos. Dependiendo de su elección en cuanto a su modo de operar, los bancos tienen dos maneras de funcionar. Para empezar, algunas instituciones financieras han optado por añadir criptomonedas como otro método de pago. Los bancos pueden elegir una moneda digital que quieran utilizar, aunque la mayoría preferiría Bitcoin debido a su popularidad entre muchos clientes. Por ejemplo, el noruego Skandianbanken, el banco en línea más grande de Noruega, ha creado un medio donde sus clientes ahora pueden añadir su billetera Bitcoin. Con esto, los bancos pueden utilizar estas carteras como métodos de pago pero no tramitarán con esta reserva de momento. Sus clientes podrían recibir pagos en bitcoins pero no pueden enviar o pagar con el bitcoin desde sus cuentas, aunque los funcionarios de Skandianbanken dicen que evalúan la opción de dar a sus titulares de cuenta esta funcionalidad desde la perspectiva legal y técnica. Sin embargo, este enfoque asegura que estas instituciones financieras sigan siendo los custodios del dinero. En segundo lugar, los bancos pueden optar por introducir sus propias criptodivisas. Al estar en un libro de contabilidad distribuido abiertamente, los bancos utilizan la tecnología blockchain para introducir su propia moneda que ofrecen a sus clientes, ya sea en Bitcoin, Litecoin, Ethereum o cualquier billetera digital de su elección que los clientes utilizarían.

Esto agilizará los mecanismos de pago con fines institucionales para garantizar que se realizan en la misma moneda. La moneda de liquidación de servicios públicos, abreviado como USC, un proyecto que fue lanzado por UBS y Clearmatics Technologies de vuelta en 2015, es un gran ejemplo de este enfoque.

Recientemente se unió a Barclays, el Canadian Imperial Bank of Commerce, Credit Suisse, MUFG, HSBC y el State Street. USC es un instrumento digital de efectivo respaldado por activos que fue diseñado para ser utilizado por los mercados financieros institucionales globales. Viene con las variantes principales de la divisa del euro, libra esterlina, dólar de los EEUU, franco suizo, etc., donde es convertible sobre la divisa fiduciaria correspondiente a petición. Si uno desea gastar su riqueza en la USC, los gastos se emparejarán a su equivalente en la moneda fiduciaria.

La inclusión y adopción de criptomonedas por parte de los bancos ha sido bastante lenta, pero aunque algunos bancos realmente lo están actualizando, todavía se encuentra en sus primeros pasos. Los bancos también han expresado su confianza en la tecnología blockchain con la perspectiva de crear su propia moneda o la adopción de criptomonedas existentes como método de pago. La tecnología criptomoneda es bastante nueva en la escena bancaria. La mayoría de los bancos todavía se oponen al concepto de las monedas digitales; solo los bancos que asuman el riesgo de este negocio tendrán éxito.

Existen criptomonedas para abordar las deficiencias de las monedas tradicionales que, por supuesto, están respaldadas por los bancos centrales y los gobiernos. Esto hace que la moneda tradicional sea propensa a la corrupción y la manipulación. En última instancia, la mejor respuesta a las criptomonedas no es limitarlas, sino acoger la tecnología e intentar trabajar con ella. Ayudar a crear el futuro de las criptomonedas con los usuarios y los desarrolladores sería una postura mucho más inteligente y eficaz para que los gobiernos y los organismos reguladores lo asumieran.

¿Cuál será el siguiente paso en el ámbito de las criptomonedas? En primer lugar, las regulaciones llegarán: no hay otra opción. La naturaleza aborrece el vacío legal y los gobiernos odian lo que no pueden controlar. Estarán dando vueltas las regulaciones en el espacio «cripto» y acabarán afectando, en cierta medida, a cómo desarrollamos el negocio de las criptomonedas. Eso es probable que sea más evidente en las plataformas de intercambio de monedas. Cuanto más información proporcione un usuario sobre sí mismo, más posibilidades nos ofrece el intercambio. Lo normal será que esas normas voluntarias se conviertan en requisitos. La segunda cuestión de la que podemos estar seguros es que habrá más impuestos, en parte porque siempre hay más impuestos, pero también porque a medida que los gobiernos encuentren la forma de clasificar a las criptomonedas y medir los beneficios obtenidos en las ventas, se les darán las reglas para participar en una mayor proporción de esos beneficios. Pero el tercer cambio que la reglamentación traerá a las criptomonedas es positivo. Creará confianza. Cuando los inversores sepan que un ICO/STO está regulado, se sentirán más seguros a la hora de comprar las monedas. Cuando sepan que los intercambios tienen que mantener una cierta cantidad de capital a mano o tomar medidas concretas para salvaguardar las existencias, les será más fácil mantener sus monedas allí. Cuando sepan que los lavadores de dinero han sido expulsados de los intercambios, serán más fáciles de hacer las transferencias. El resultado de esa mayor confianza se traducirá en una mayor afluencia de dinero. Los fondos de inversión han mostrado interés en poner su dinero en criptomonedas. La reglamentación gubernamental no es lo que más emocione a un empresario, pero para los inversores de criptomoneda, marcará una diferencia en un período más estable y rentable.

Creo que en general necesitamos hablar y educar más sobre las criptomonedas. Este libro realmente descubre su importancia y aporta datos desconocidos por muchas personas sobre las *criptomonedas* y el mundo de blockchain y «cripto». Muchas personas no son conscientes de lo que son las criptomonedas, de la tecnología principal detrás de ellas, de los cambios a los que se enfrentan, así como de los beneficios que pueden traer. La popularidad de Bitcoin hizo que la gente leyera y siguiera las noticias al respecto, pero todavía hay muchas interpretaciones erróneas al respecto, que impide que la mayoría de las personas utilicen criptomonedas con todo su potencial. Creo que este libro explica y da respuestas a la mayoría de las actuales preguntas sobre criptomonedas.

Kate Bublik

Co-founder Crypto A, Market Advisor

Introducción

En un artículo que se publicó en el periódico *El Economista,* en su edición digital del día 26 de junio del año 2017, con el título «¿Las criptomonedas desestabilizarán el equilibrio del poder económico?», yo señalaba públicamente cómo estas monedas virtuales son, a la vez que un medio de pago y de acumulación de riqueza, también un instrumento financiero que ha llegado con la vocación de quedarse. Y sin embargo, son enormes las sombras que les rodean, tales como el ingente número de tipos de ellas que existen, sus cotizaciones a menudo erráticas y el hecho de que algunos grandes economistas no crean en ellas, tachándolas incluso de *bluffs.* Es el caso del profesor Nouriel Roubini, economista de la Universidad de Nueva York, cuya opinión merece la pena ser tenida en cuenta, por ser una apreciación proveniente de un economista de prestigio reconocido.

A pesar de todo ello, creo sinceramente que el que haya pensado que se trataba de algo pasajero que se diluiría con el tiempo, tiene ahora que reconocer que las criptomonedas deben ser tomadas muy en serio. Estas son ya una realidad, a la que se están suscribiendo no solo personas particulares, sino instituciones privadas y públicas, bancos e incluso gobiernos de países. En estos primeros momentos —como es habitual cuando existe una inclusión de una naturaleza así en el sistema financiero o en cualquier otro sistema— existe un gran número de oferentes. Precisamente es lo que ocurre en estos momentos, con los más de dos mil tipos de criptomonedas que ya existen en la actualidad en el mercado. También resulta indudable que la regulación acerca de todo ello no es aún muy acertada. Aunque a colación de esto último se debe señalar que las criptomonedas fueron creadas con el claro propósito de escapar a todo tipo de regulaciones financieras, lo cual —es evidente— para algunos casos no ha sido algo positivo, precisamente a causa de la lógica desconfianza que se puede llegar a derivar de esta situación. De hecho, ya se pueden observar las primeras muestras de una incipiente actividad regulatoria. Además, en estos momentos, instituciones financieras importantes como algunos prestigiosos bancos e incluso bancos centrales, se encuentran ya realizando operaciones con estos instrumentos financieros, lo cual avala en cierta medida lo expuesto con anterioridad. De todo ello se puede colegir que el mundo se está tomando muy en serio este asunto, y cómo por parte del actual poder financiero existente se está adoptando como estrategia la máxima que reza que si no puedes con tu enemigo, debes aliarte a él.

No cabe la menor duda que esta innovación financiera puede llegar a producir un desequilibrio en los actuales núcleos de poder ocasionando que algunos centros actuales de ese poder se vean defenestrados, originándose algunos nuevos y desestabilizando el equilibrio que actualmente existe en lo relativo al poder económico en el mundo. Naturalmente, los poderosos que puedan verse afectados negativamente por ello no se van a dejar arrebatar ese poder sin ofrecer una resistencia, que en muchos casos puede que sea feroz. Habiendo tanto en juego, debemos estar preparados para cualquier tipo de defensa de sus intereses por parte de esos núcleos de poder que ostentan en la práctica el destino de todos los que habitamos este mundo, e incluso el de aquellos que en un futuro lo harán. Este libro trata de abordar todo lo que ha sido, es y será en lo relacionado con el mundo de las criptomonedas. Por ello, se ha decidido que contenga temas como su historia, el blockchain, las criptomonedas que son más importantes en la actualidad, los mercados de las criptomonedas y el futuro previsible de todo ello, con la intención de que sea lo más ameno posible para el lector. Este trabajo va dirigido a personas que no poseen un gran conocimiento sobre todo ello. Nos gustaría que a través de esta obra pudieran llegar a adquirir un conocimiento al respecto lo suficientemente amplio, que les permitiera comprenderlo de un modo adecuado. Por ello, con el fin de arrojar más luz sobre el tema, se ha pedido la concurrencia de un prologuista que se encuentra profesionalmente dentro de este mundo, en una de las empresas españolas dedicadas a lo relacionado con las criptomonedas. Es justo señalar, por cierto, que actualmente no son muchas en el país. También hemos contado con un epiloguista especializado en blockchain, que se encuentra trabajando en esta área, aunque en un mundo completamente alejado al de las criptomonedas. Sin embargo, se ha demostrado absolutamente necesario para que pueda existir la posibilidad de un desarrollo preciso de las criptomonedas, con el fin de que puedan evolucionar y asentarse dentro del actual marco económico. Como se suele decir coloquialmente, una imagen vale más que mil palabras, así que voy a exponer de una manera gráfica cuál es el verdadero presente de las criptomonedas en el mundo, mostrando la situación mundial de los países al respecto de las mismas. Esta situación, sin embargo, cambiará indefectiblemente con la inclusión de nuevos países, y con el cambio de posición de algunos de los que están actualmente.

Para poder explicar mejor todo esto se ha pedido la colaboración de determinadas personas que se encuentran «en el meollo del tema». A través de una presentación, un prólogo y un epílogo realizados por ellas e incluidos en esta obra, podemos conocer su visión del tema, y de esta manera arrojar una mayor luz sobre lo que está ocurriendo y sobre cuál puede ser el devenir futuro de las criptomonedas. En lo relativo a la presentación, debemos agradecer su mediación y traducción al prologuista de este libro, Julio Pérez-Tomé Román; lo mismo vale para el epílogo, que seguramente tampoco existiría sin su inestimable ayuda.

A continuación se expone de manera gráfica la situación mundial con respecto a las criptomonedas. Evidentemente, como se viene observando, esta situación cambiará indefectiblemente con la inclusión de nuevos países y el cambio de situación de algunos otros que, actualmente, adoptan una posición al respecto.

Josu Imanol Delgado y Ugarte

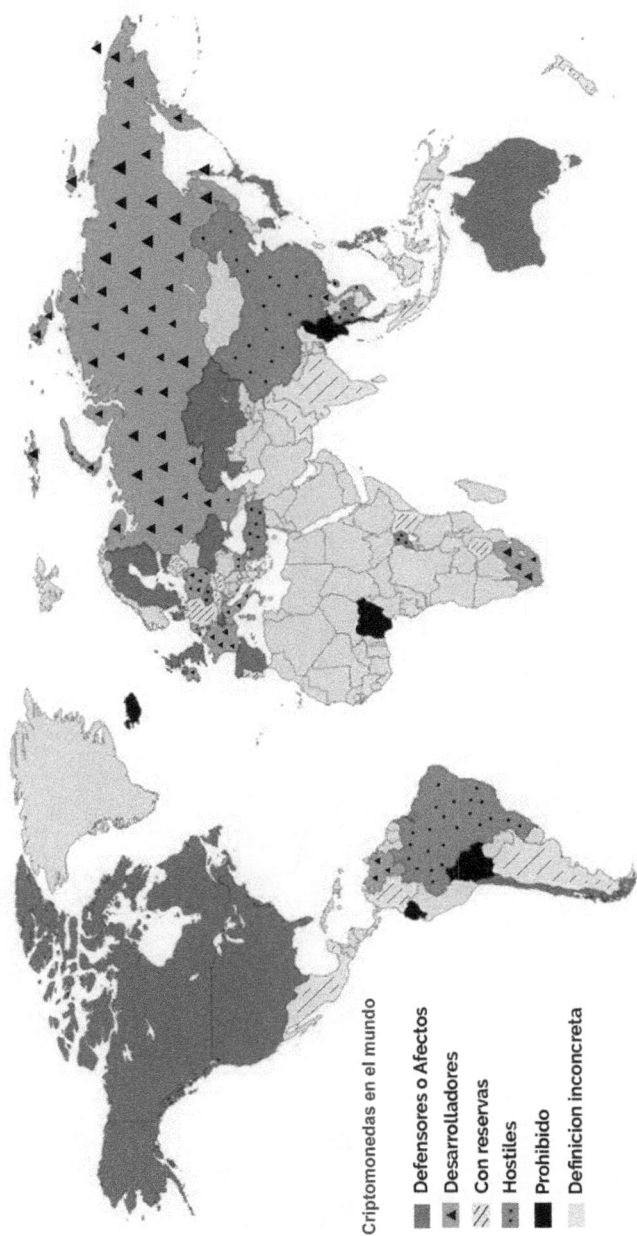

Criptomonedas en el mundo

- Defensores o Afectos
- Desarrolladores
- Con reservas
- Hostiles
- Prohibido
- Definicion inconcreta

Fuente: Cambio16.com

Inicios de las criptomonedas

No hay duda de que se debería haber seguido con atención la evolución e implantación de estos instrumentos de inversión y financiación, pues es un hecho que las criptomonedas pueden llegar a hacer variar el estado del mundo actual de las finanzas. La mayoría de los expertos están de acuerdo en que las monedas virtuales, también denominadas criptomonedas, nacen en el año 2009 de la mente de un japonés llamado Satoshi Nakamoto, aunque hay quienes piensan que se trataba en realidad de varios autores que integraban un colectivo. Los primeros intentos de integrar la criptografía al dinero electrónico fueron realizados por David Chaum a través del *digi-cash*, y también de lo que se denominó *e-cash*, los cuales ya utilizaban la criptografía para volver anónimas las transacciones de dinero, aunque con una emisión y liquidación que eran en la práctica centralizadas. Pero realmente, el concepto o idea de criptomoneda fue descrito por vez primera por el ingeniero informático Wei Dai en el año 1998, cuando ya propuso la creación de un nuevo tipo de dinero descentralizado que usara la criptografía como medio de control, al que dio el nombre de *b-money*. Tampoco podemos olvidarnos del criptógrafo británico Adam Back, que elaboró en el año 1997 el algoritmo conocido como *hashcash*, que resultaría esencial para el desarrollo posterior de las criptomonedas, y que en realidad fue la inspiración práctica del bitcoin.

La primera moneda virtual se denominó bitcoin. El principal motivo para su creación fue, precisamente, que dicha moneda no estuviera controlada por ningún estado ni entidad financiera alguna, y que esa entidad tuviera en la práctica las mayores dificultades posibles, en el caso de querer ejercer cualquier tipo de control. Una criptomoneda puede ser considerada en la práctica como dinero, ya que puede llegar a ser utilizada para realizar pagos, y también es una manera de poder depositar la riqueza que se pueda poseer, y así acumularla. Por todo ello podemos encuadrarla dentro de lo que, en teoría monetaria, es considerado como la M1.

Se expondrá ahora de un modo breve —pues en este mundo no dejan de ocurrir cosas cada día— los hechos más relevantes que conforman la historia conocida de las criptomonedas, que viene claramente descrita por la Asociación Mutual Federal de Empleados de las Administraciones Fiscales Públicas de Argentina:

En octubre de 2009 se estableció la tasa de cambio para el bitcoin, cuando New Liberty Standard abrió un servicio para comprar y vender dicha moneda digital, con un tipo de cambio inicial de 1309,03 bitcoins por dólar, lo que equivalía en ese momento a ocho centésimas de centavo por bitcoin. La tasa se obtuvo del costo de la electricidad utilizada por una computadora para generar —o, como se denomina generalmente, «minar»— la criptomoneda. En julio de 2010, Jed McCaleb estableció el mercado de cambio de bitcoin MtGox, que a la sazón fue el primero en que se estableció. En esa misma casa de cambio, el 9 de febrero de 2011, el bitcoin alcanzó ya, por primera vez, la paridad con el dólar estadounidense.

En abril de 2011, fue presentado el primer *altcoin* o criptomoneda alternativa, y también el *namecoin*, que agregó la innovación de un sistema de nombre de dominio (DNS) descentralizado. En 2012 se lanzó *peercoin*, una criptodivisa que funciona bajo el principio de prueba de participación. Un sistema cuya característica distintiva es que permite que la verificación de las transacciones sea más sencilla. Ese mismo año se hizo pública *ripple*, una moneda digital que ya era gestionada hasta la fecha por una empresa privada que dirigía una red de transacciones financieras globales. El hecho de que una gran cantidad de instituciones financieras se hayan asociado con *ripple*, ha provocado sospechas de que pueda ser un producto de sectores bancarios para hacer frente a la amenaza que representan para sus propios intereses el bitcoin y otras criptomonedas.

Se debe destacar que en marzo de 2013, el mercado de capitalización del bitcoin ya superó los mil millones de dólares. En octubre de ese mismo año se abrió el primer cajero electrónico que podía operar con bitcoins. En julio de 2015 vio la luz el proyecto Ethereum, propuesto por el ruso Vitalik Buterin. Se trata de una plataforma que introduce el concepto novedoso de contratos inteligentes, que son aplicaciones de intercambio que se benefician de la seguridad que proporciona la cadena de bloques. Estos contratos son de código abierto y pueden ser utilizados para ejecutar de forma segura una amplia variedad de servicios. En marzo de 2015, el colectivo NEM (*New Economy Movement*) realizó la presentación de su criptomoneda XEM, basada en una plataforma de cadena de bloques, punto a punto, que introduce nuevas características a esta tecnología, como el algoritmo de prueba de importancia (POI). En julio de 2016, aparece Ethereum Classic, que resulta ser en la práctica una bifurcación de la cadena de bloques de Ethereum. Ese mismo mes se realizó el lanzamiento de IOTA, una tecnología de contabilidad de código abierto, que permite el intercambio de información y valor entre máquinas, en el «internet de las cosas». *Iota* es la criptomoneda que se utiliza para transmitir valor a través del protocolo del mismo nombre. IOTA no se basa en el sistema blockchain, ya que emplea una innovadora arquitectura llamada gráfico acíclico dirigido (DAG). Esta hace posible algo que se debe destacar, que es que no existan comisiones, y que además la red aumente su capacidad a medida que se incrementa el número de usuarios.

En diciembre de 2016 se definen las siete principales criptomonedas, y las mismas se mantienen en alza: bitcoin, *ethereum*, *dash*, *ethereum classic*, *monero*, *litecoin* y *ripple*.

En mayo de 2017 ya existían más de 1000 criptomonedas distintas. En agosto de 2017 se crea la bifurcación de bitcoin, llamada bitcoin *cash*.

El 20 de marzo de 2018 comenzó la oferta inicial de monedas (ICO) de una criptomoneda venezolana llamada «petro», la primera en ser respaldada por las reservas de recursos naturales de un estado nacional en el mundo. El petro será respaldado inicialmente por petróleo, pero posteriormente también lo será por oro, gas y diamantes. Las transacciones del petro son registradas por el Observatorio Blockchain de Venezuela.

Vamos a detenernos aquí, porque aún hoy en día la aparición de criptomonedas no deja de producirse, y es imposible poder acabar ningún trabajo pretendiendo que se encuentre actualizado en este sentido.

La base de las criptomonedas

(el *blockchain*)

El blockchain es una estructura de datos en la que la información contenida se agrupa en unos conjuntos, denominados «bloques», a los que se les añade metainformaciones relativas a otro bloque de la cadena anterior, encuadrado en una línea temporal. De esta manera, a través de técnicas criptográficas, la información contenida en un bloque solo puede ser repudiada o editada modificando la totalidad de los bloques posteriores. Esta operativa permite su aplicación en entornos dispersos, de manera que la estructura de datos blockchain pueda ejercer a su vez de base de datos pública, no relacional, que contenga un histórico irrefutable de información, lo que constituye su principal característica innovadora.

El blockchain es una tecnología que permite la transferencia de esos datos digitales con una codificación muy elaborada —lo cual hace que sea completamente segura— donde se registran todos los acontecimientos digitales relacionados. Además, también posee una característica importantísima, que consiste en que todas estas transferencias no requieren de un intermediario centralizado que deba identificar y certificar la información vertida, dado que se encuentra distribuida en múltiples nodos independientes entre sí, que ya lo registran y lo validan de una manera automática y absolutamente fiable. Una vez introducida la información, se debe tener presente que ya no puede ser borrada, pues solo se podrán añadir nuevos registros; realmente esta no será legitimada en la práctica, a menos que la mayoría de ellos se pongan de acuerdo para hacerlo.

Esto hace que el nivel de seguridad que proporciona este sistema frente a los ataques de los *hackers* no tenga precedentes. Además, posee otra característica muy importante que ofrece una enorme ventaja: aunque la red se cayera por completo, con que solo uno de esos ordenadores o nodos no lo hiciera, la información nunca se perdería y el servicio seguiría funcionando perfectamente.

Un ejemplo claro que ilustra la importancia de la red distribuida está precisamente en las redes sociales. Con el sistema ***blockchain*** se eliminaría la centralización que imponen algunas aplicaciones de este tipo de categoría en lo relativo lo concerniente a la identificación o incluso la validación de la procedencia de —por ejemplo— nuestros mensajes a través de internet, e indefectiblemente la completa integridad de los mismos se encontraría totalmente garantizada por esta red de nodos.

Aunque el blockchain o cadena de bloques se asocia directamente con el mundo informático y sobre todo con las criptomonedas, el mejor argumento que podemos esgrimir para garantizar un futuro prometedor es el empleo del sistema en el comercio y sus industrias relacionadas.

Al asegurar totalmente las transacciones, lleva tiempo siendo utilizado por la banca para realizar contratos, y en las importaciones y exportaciones actúa como garantía para el comprador y el vendedor sin ser necesaria la supervisión de un tercero, con lo que se ahorra en costes y en seguridad adicional.

Recientemente y en un plano muy diferente al que nos ocupa, la empresa francesa de distribución Grupo Carrefour ha incorporado a través de un sistema blockchain toda la trazabilidad de uno de sus productos, el pollo campero, y es de esperar lógicamente que no vaya a quedarse tan solo en ese producto. Esto nos muestra la importancia que va teniendo esta novedosa tecnología, que ya empieza a ser de uso común en nuestras vidas. Hay que tener presente —pues ya es una realidad— que pueden ser una herramienta utilísima para poder enviar remesas de todo tipo con menos costes, hacer donaciones a cualquier rincón del mundo o cualquier otra motivación, o incluso rastrear que el dinero que llega a las emergencias humanitarias se gasta correctamente, por citar tan solo unos pocos ejemplos sobre sus múltiples utilidades que día a día van apareciendo.

En el caso que mencionamos, la tecnología blockchain permite a través de un código QR el acceso directo a una vasta base de datos, segura y distribuida de manera dispersa, que muestra a todos los actores que intervienen en el proceso y a los intercambios que se realizan, desde el origen hasta el destino.

Citamos el caso de Carrefour a modo de ejemplo, al ser una de las empresas líderes en la distribución y el mundo de los hipermercados, pero es solo una pequeña muestra de lo que veremos en los próximos meses y años, por lo que podemos asegurar, sin temor alguno a equivocarnos, que el blockchain ha llegado para instalarse con fuerza entre nosotros.

Criptomonedas más importantes

Al igual que hicieron las criptomonedas más populares a día de hoy, Bitcoin y Ethereum, todas y cada una de las criptomonedas que se van uniendo al vasto universo de las monedas virtuales han ido transformándose a través de las mismas fases de su «construcción». En un principio, una empresa, corporación o unión de fundadores, crea un sistema propio basado en blockchain, para posteriormente ofrecer su ICO (*Inicial Coin Offering*), su oferta inicial de moneda, fase en la que los inversores ya aportan su capital para lanzarla al mercado, y por último se lanza al mercado. Hasta ese momento la criptomoneda es virtual, ya que únicamente tiene valor en el ámbito de la empresa fundadora, a través de lo que se denomina generalmente como *tokens*, que no es más que una moneda propia de la empresa, sin valor en el exterior. Solo tiene validez en la propia empresa, hasta que es lanzada al mercado exterior. Se trata de un sistema que sirve para valorar y acumular las inversiones de los que apuestan por el proyecto y que, una vez aprobado, toma el valor correspondiente del mercado convencional de criptomonedas.

Dicho esto, y teniendo en cuenta que nos encontramos en un ámbito enormemente dinámico donde no dejan de sumarse elementos nuevos, nos centraremos en las principales criptomonedas, de las más de 2000 que actualmente existen en el mercado.

Para seguir un criterio lógico a la hora de realizar un listado razonable de las principales criptomonedas, nos ajustaremos al volumen de capitalización, que es un baremo —según creemos— muy válido para evaluar la importancia y la presencia de este tipo de activos, y quizás su propia supervivencia como tales.

Bitcoin (BTC)

La reina de todas las criptomonedas es actualmente el bitcoin, proyecto de Satoshi Nakamoto, que tanto puede ser una persona como un grupo de trabajo, como se ha señalado anteriormente, y que creó la base del blockchain como sistema de intercambio. Esto posteriormente desembocó en la creación de la criptomoneda más popular, la de mayor capitalización y la de más valor nominal hoy en día. Este asciende en torno a los 6000 o 7000 dólares por unidad, aunque su volatilidad es bien conocida, y hablar de puntos concretos de cotización en un libro nos aboca indefectiblemente al riesgo de errar con cualquier magnitud con la que trabajemos. La razón es que el bitcoin estuvo hace no mucho tiempo rozando los 20 000 dólares por unidad, pero con la misma fuerza que subió, regresó a los 5000 dólares. Sin embargo, por las últimas cotizaciones que hemos visto, da la impresión que su valor se va alejando de esa brutal volatilidad y se estabiliza, un acicate más para los inversores más convencionales, que empiezan a verla como un valor ciertamente interesante, alejado del excesivo riesgo de hace unos pocos años.

Es cierto que hablamos de cantidades enormes en comparación con las monedas convencionales más utilizadas comúnmente de manera habitual, como son euro, el dólar, la libra, el yuan o el yen, donde los porcentajes de aumento o disminución de la cotización son mínimos en condiciones normales. Pero en el caso de un valor que se compra o se vende a 6000 dólares, subir o bajar solo 100 dólares en un día es un cambio significativo, por lo que a la hora de estudiar la entrada en este tipo de inversiones hay que ser consciente de a qué nos enfrentamos. Sin embargo, seguimos recalcando que su valor se ha ido estabilizando con el tiempo y su cotización es mucho más homogénea y estable que hace unos cuantos años.

Al ser la criptomoneda más popular, sobre el bitcoin se han realizado a lo largo de los años los denominados bitcoin *fork* o «bifurcaciones de bitcoin». Se trata de cambios del sistema de creación de bloques o blockchain*s* para, con otro protocolo de *software* o la modificación del *hardware* de creación de los blockchain*s*, crear una nueva moneda. La más exitosa de todas ellas fue la protagonizada por un consorcio de compañías aseguradoras que apostaron por esta tecnología, y tomando como referencia al bitcoin, crearon el bitcoin *cash*, que indudablemente se ha convertido en una de las criptomonedas de referencia.

La volatilidad del bitcoin, mucho mayor en el segundo semestre de 2018, hace inviable aventurar una cotización para un formato como este libro.

Ethereum (ETH)

Tras Bitcoin, Ethereum, cuya criptomoneda es realmente el *ether*, viene a ser la criptomoneda más popular y más importante a día de hoy, y no solo por el concepto en sí de moneda virtual, basada en el blockchain.

Se trata de un concepto mucho más ambicioso, que engloba además una potente plataforma y una serie de herramientas para elaborar *software* para transacciones de código abierto. Su creador fue el ruso Vitalik Buterin, y ya desde sus inicios ha ido cobrando tal importancia que ahora mismo es considerada, sin lugar a ningún género de duda, la criptomoneda de referencia tras el bitcoin.

El espaldarazo final se lo dio precisamente el gobierno ruso, con Vladimir Putin como máximo entusiasta y valedor de la difusión y utilización de Ethereum. Todas las transacciones desde Rusia y a través de sus aliados naturales se realizan en esta criptodivisa, y a pesar del crecimiento de otras similares, tanto la herramienta basada en el *software* como su lógico potencial le ofrece un largo camino entre las más importantes referencias.

El *ether* también ha sufrido una crisis, y su volatilidad ha ido acorde con su cotización, lo que hace que anotar en este punto un valor determinado resulte del todo imposible para un formato como el de este libro.

Ripple (XRP)

Por volumen de capitalización, Ripple sería la tercera en la lista. Esta criptomoneda está basada en un sistema similar al crédito bancario. La implantación del *software* libre que le da forma se basa en nodos independientes, que funcionarían de forma similar a las sucursales bancarias, aunque obviamente con algunas diferencias notables. Es una criptomoneda muy dinámica y estable que ha conseguido aguantar el tirón de Bitcoin y Ethereum, a pesar de no contar con tanta publicidad ni presencia mediática como ellas.

En cualquier caso, su volatilidad hace imposible aportar un valor determinado a día de hoy en un formato como este libro, por el motivo aludido que confluye en todas las criptomonedas.

Bitcoin Cash (BCH)

En 2017 la aseguradora y financiera AXA invirtió una enorme cantidad de activos para realizar un abordaje al bitcoin, y para ello fomentó lo que se denomina *fork* o bifurcación; esto es, partir de la tecnología, *software* y valor de una moneda —en este caso el bitcoin—, y a partir de una fecha —en el caso del bitcoin *cash*, el 1 de agosto de 2017—, iniciar una nueva andadura con otro tipo de tecnología, *software* o algoritmo.

Los bitcoin *forks*, similares a los *splits* en los mercados de acciones tradicionales, suelen sucederse y no son aislados, aunque la noticia en el caso del bitcoin *cash* es que tuvo éxito, mientras que finalmente el resto no han conseguido fraguar.

De hecho, tras el *fork*, el bitcoin *cash* ha conseguido situarse en el *top 5* de las criptomonedas, y estabilizarse con fortaleza y estabilidad entre las que han entrado. Todo ello invita a pensar que será una de las criptomonedas de referencia en el futuro.

Ofrecer datos sobre su valor en un formato como este libro resulta inservible, dada su volatilidad.

EOS (EOS)

E O S™

El *top 5* de las principales criptodivisas lo completa EOS, surgida originalmente como una herramienta basada en blockchain, que se asemeja mucho al funcionamiento de un sistema operativo tradicional. Por sus características, permite el escalado vertical y horizontal, por lo que ofrece todo tipo de posibilidades y oportunidades para todo tipo de inversores, desde los más potentes hasta los de menor capitalización.

Llama la atención que un proyecto de estas características, sin apoyo de grandes corporaciones ni de grandes inversores, haya conseguido gracias a su atractivo *software* la aceptación de millones de pequeños inversores, que adquirieron masivamente los *tokens* en el periodo de lanzamiento.

Ofrecer una cotización real y puntual, con una volatilidad tan amplia, es un dato que lógicamente no resulta ser muy útil en un formato como el de este libro.

Stellar (XML)

Una de las criptomonedas más curiosas es Stellar, o Stellar Lumens, si tenemos en cuenta sus dos funcionalidades. En un principio fue creada para facilitar las operaciones bancarias, y más recientemente para facilitar la conversión de bitcoins a otras monedas.

Aunque es conocida básicamente como Stellar, es necesario aclarar que este nombre alude en realidad a su cadena de bloques o blockchain, y que *lumens* es su criptomoneda asociada, aunque desde sus inicios fue denominada con el primer nombre asociado a su sistema, más que a la moneda en sí.

La cotización del Stellar Lumens en un libro como el que está leyendo no sería realmente muy útil, dada la volatilidad de las cotizaciones.

Litecoin (LTC)

A la hora de realizar transacciones a través de blockchain, el hecho de que todo el cúmulo de información, al ser descentralizada, tardara un tiempo determinado para completar el proceso, hizo que surgiera casi de inmediato buscar algún tipo de mecanismo o herramienta para agilizar todos los pasos y obtener mucha más eficiencia. Para ello surgió Litecoin, una moneda que podría considerarse un complemento de Bitcoin, aunque posteriormente decidiera ir por libre. Aunque se trata de una criptomoneda propiamente dicha, podríamos definirla mejor como un proceso acelerado de tratamiento del sistema de la cadena de bloques, lo que garantiza una rapidez en su tratamiento que en los sistemas informáticos cada día que pasa son más demandados.

No es conveniente mencionar la cotización del Litecoin, al igual que ocurre con el resto, dada su volatilidad.

Cardano (ADA)

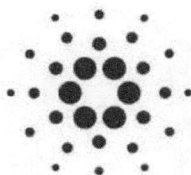

CARDANO

A poco de lanzarse la ICO de Cardano llamó la atención su solidez y su posicionamiento entre las principales criptomonedas, teniendo en cuenta además que no surge del mercado anglosajón. Es una iniciativa de la empresa japonesa Cardano Company, y desde su inicio supuso un paso adelante en el mundo de las cadenas de bloques, al hacer mucho más eficaz e inteligente todo tipo de transacciones, permitir procesos laterales simultáneos y avanzar en los contratos cerrados y garantizados.

Probablemente y sin temor a equivocarnos, podemos decir que la tecnología que aporta Cardano será una de las que se consolidarán a medio y largo plazo. Quizás la moneda a la que respalda esta tecnología se diluya en el mercado, pero la tecnología que aporta es una de las más rompedoras, novedosas e inteligentes.

Tampoco en este caso sería muy útil señalar la cotización de esta criptomoneda, a causa de la habitual volatilidad del mercado.

Tether (USDT)

En todo el laberinto de criptomonedas y la jungla de cotizaciones, era evidente que tarde o temprano surgiría algún tipo de sistema que emulara con mayor o menos eficacia algún tipo de moneda fiduciaria. Para ello surgió el *tether*, que emula al dólar; su cotización está garantizada y unida al dólar norteamericano a través de la empresa que la distribuye, apoya y respalda: Tether Limited.

La cantidad de *tethers* que tengas equivaldrá siempre a dólares norteamericanos, a pesar de la volatilidad que existe en el mercado.

Aunque en un principio y desde su origen se basa en el dólar norteamericano, existen también *tethers* unidos al yen y a la libra, e incluso al euro. El sistema en sí permite ligar este tipo de criptomonedas a casi cualquier moneda real que podamos encontrar en el mercado convencional de divisas.

Monero (XMR)

MONERO

Monero es una criptomoneda que no se basa en la tecnología que utiliza el bitcoin, sino que está basada en el protocolo CrytoNote, y tiene algunas características que la hacen ideal para mover líquido de forma anónima y sin dejar apenas rastro. Monero es fungible, lo que permite sustituir cualquier unidad por otra, y el nivel de encriptado asegura el anonimato.

Precisamente esos valores que la convierten en una criptomoneda tan eficaz, la han convertido en diana de la Policía, agencias fiscales, Departamentos de Hacienda y grupos de investigación criminal, al ser la criptomoneda más utilizada por las mafias y los criminales en general para manejar este tipo de monedas, mucho más que el bitcoin, el *ethereum* o cualquier otra.

Aunque las bandas organizadas operen con Bitcoin, todas sus transacciones e intercambios acaban en unidades de Monero, que como hemos comentado asegura un anonimato casi infalible.

Como curiosidad, el Monero comenzó a llamarse BitMonero que es la traducción al esperanto de bitcoin, aunque posteriormente se decidió denominarla tal como puede verse ahora.

Como ocurre con el resto de criptomonedas, ofrecer datos de cotización del Monero no resultaría útil dado el formato de libro que tienes en tus manos.

Como ya dijimos, existen más de 2000 criptomonedas distintas. Estas diez que comentamos son las de referencia a día de hoy por volumen de capitalización. Si nos atenemos a otro baremo también importante, como es el del volumen de circulación, nos encontraríamos con otro tipo de «criptos» que suelen utilizarse como medios de cambio, compra y venta de servicios y productos. Sus valores varían de una u otra, pero son comúnmente utilizadas y ya se han hecho un hueco en el entorno.

Generalizando mucho e intentando evitar el error del concepto de valor de una magnitud y su importancia, podría decirse que las cinco principales criptomonedas que hemos mencionado serían productos para inversión y/o especulación, y estas criptodivisas de uso común servirían como medio de pago y cambio, o incluso para cambiarlas posteriormente con las principales. Entre ellas cabe destacar Litecoin, Monero, Dash, Bytecoin o Dashcoin.

Actualmente la criptomoneda con mayor volumen en circulación es la denominada Dentacoin, una solución blockchain adaptada a la industria dental en todas sus ramificaciones, que triplica en volumen a la siguiente.

Mercados de criptomonedas

El mundo de las criptomonedas comenzó a cobrar vida propia y operar al margen de los mercados convencionales al poco de iniciar su andadura. Bien es cierto que la excesiva volatilidad de un mercado que se enfrentaba a un futuro incierto y sin una base teórica, una experiencia y una popularidad que marcaran el camino, supuso un salto al vacío ante lo desconocido, pero con el paso de los años este segmento de la economía se fue autorregulando, estabilizándose y organizándose, de forma que ahora mismo ya constituye un mercado paralelo muy interesante, que compite con las principales bolsas y mercados mundiales.

Un mercado que pretenda consolidarse, tener éxito y aumentar constantemente los intercambios entre inversores, necesita básicamente activos, y el universo de las criptomonedas ofrece un sinfín de productos en forma de monedas virtuales que no para de crecer. A los neófitos en el tema y los que se asoman por vez primera a este novedoso mundo, le sorprenderá comprobar que no solo existe el bitcoin. A esta popular criptomoneda, la más conocida en todo el mundo, la acompañan otras más de 2000 criptomonedas distintas (concretamente 2063 según CoinMarketCap —el mercado de referencia—, con una capitalización a 11 de octubre de 2018 de 217 851 396 817 de dólares).

En este apartado vamos a diferenciar claramente los mercados y sistemas de inversión exclusivos de criptomonedas de aquellos que constituyen meros apéndices de los *brokers* convencionales, que se han sumado con fuerza a esta nueva tendencia que no deja de crecer. Como en este trabajo nos centramos principalmente en el ámbito de las monedas virtuales, dejaremos al margen a los *brokers* y los mercados convencionales que operan con los activos habituales de cambio y bolsa y que unen el espacio de las criptomonedas, a menudo indexadas con los grandes sistemas de cambio originales que comenzaron a operar desde cero con este activo.

Actualmente, todas las empresas que ofrecen este tipo de activos, bien como *brokers*, intermediarios o inversores directos, están potenciando la inversión en criptomonedas como complemento a los activos convencionales, algo que refuerza la idea de que las monedas virtuales, lejos de ser una quimera o un experimento, han llegado para permanecer en los mercados y situarse en una posición de tú a tú con el resto de activos que conviven en la mayoría de las plataformas convencionales.

Aunque existen varios espacios donde es posible comprar, vender, intercambiar e invertir en criptomonedas, para centrarnos y evitar caer en una generalización que no nos llevaría más que a nombrar y comentar su funcionamiento, nos centraremos en dos de estas empresas que capitalizan buena parte del mercado de monedas virtuales actualmente: Poloniex y Coinbase.

POLONIEX

Esta compañía fundada en 2014 como *start up* se ha convertido en la plataforma más popular. Permite realizar intercambios en las principales monedas virtuales, facilita el almacenamiento y el cambio a monedas reales como el dólar o el euro y mantiene y sigue incorporando mejoras que han contribuido a que sea una de las elegidas por los inversores. Poloniex incluso ofrece la posibilidad de prestar tus activos a terceros con un interés más que rentable, fórmula con la que ha conseguido atraer a inversores más conservadores que quieren beneficiarse del tirón de las criptodivisas, pero que no son partidarios de mantener sus fondos en medio de los avatares y la alta volatilidad de este mercado emergente.

Poloniex salió reforzada a comienzos de este año 2018 cuando fue adquirida por Circle, sistema de pagos de Goldman Sachs, lo que le ha permitido asegurar su continuidad e incluso consolidarse como una de las bases de intercambio más populares y sólidas. Llama la atención que grandes empresas como Goldman Sachs o JP Morgan hayan cambiado diametralmente su percepción de las criptomonedas, y tras verlas como unas advenedizas sin futuro y sin espacio en el entorno financiero convencional se hayan dado cuenta de su potencial y, de hecho, hayan comenzado a posicionarse con fuerza en los principales activos.

Coinbase

coinbase

Es una plataforma de intercambio de criptomonedas que surge en San Francisco en 2012, fundada por los impulsores norteamericanos de la tecnología blockchain. Suele funcionar como *broker* y punto de intercambio, aunque opera con un número limitado de activos. Tan solo se puede utilizar Bitcoin, Ethereum, Bitcoin Cash y Litecoin. Su crecimiento se ha estancado a partir de 2016 por la sucesión de irregularidades en su funcionamiento y la multitud de quejas reportadas por los usuarios.

Actualmente (2018) se encuentra en una fase de reorganización, mejora y dinamización de inversores, pero quizá los usuarios le hayan dado la espalda definitivamente de forma mayoritaria a pesar del volumen que se ha invertido en publicidad y *marketing*. Recordemos que el usuario de este tipo de mercados y activos es básicamente nativo de internet, y muestra un comportamiento sumamente dinámico. Tanto es así que empresas o servicios que comienzan a cometer errores o no cumplen lo prometido, pasan de un día para otro de estar en la cima a la más completa irrelevancia.

Como en todo este tipo de servicios, la cuestión es entender bien en qué tipo de *exchange* entramos: si nos convence, si se adapta a nuestras previsiones y si son realmente fiables.

Binance

BINANCE

Binance es una plataforma de intecambio muy fiable y algo peculiar. Ya tenía presencia desde 2005 como herramienta para *brokers* con inversión en activos bursátiles convencionales, pero es a partir de 2017 cuando da el salto al mundo de las criptomonedas. Aunque fue fundada en China, decidió trasladarse a Japón por la prohibición del gobierno chino de operar con criptodivisas, hecho que marcó un antes y un después para este tipo de plataformas, dado que desde China, bien en la minería informática o en la inversión virtual, se estaba consolidando un mercado muy potente. De hecho, Binance, antes de la prohibición era el *exchange* con mayor capitalización de todo el mundo.

Actualmente funciona a buen ritmo, aunque fuera de China. Opera desde Japón, Malta y Jersey, en el Reino Unido. Al ser uno de los *brokers* principales ha creado un consorcio con otros *brokers* para crear una moneda estable que se alejara de la volatilidad del bitcoin y se acercara más a los pares dólar y libra con el fin de crear una base sólida, y así proporcionar mucha más credibilidad al segmento de criptomonedas.

Los mercados de intercambio e inversión de criptomonedas son muy dinámicos, y a diferencia de los mercados financieros convencionales, la continua aparición de ICOs —de quienes ya hablamos en el capítulo anterior—, las posibilidades de inversión y capitalización son casi infinitas por el empuje de la tecnología del blockchain, que sigue evolucionando, y por el interés creciente de los inversores que buscan unos activos sólidos, que en el caso de las monedas virtuales han llegado para quedarse.

Aunque nos hemos centrado en las principales plataformas y en su funcionamiento, es cierto que existen un sinfín de mini-plataformas adaptadas a una criptomoneda concreta o a un ámbito más especializado, o incluso a inversores específicos. Pero en síntesis, las más destacadas son las que ya hemos mencionado, aunque seguro que encontrarás muchas más que están en funcionamiento y otras tantas que están en fase de lanzamiento. Este universo de las criptodivisas, tal como hemos mencionado en varias ocasiones, es muy dinámico, y los cambios se suceden a una velocidad pasmosa.

Es de suponer que a corto o medio plazo las autoridades financieras y fiscales de todo el mundo comiencen a legislar sobre este tipo de mercados. Quizá entonces la carga de fiscalidad comience a desincentivar a algunos inversores, aunque sin duda acercará a otros, que verán garantizados sus activos por los bancos centrales de la mayoría de los países.

Deberá realizarse una limpieza o una criba en el abultadísimo número de criptomonedas existentes, pero es lógico pensar que, una vez finalizado este proceso, aquellas que permanezcan dentro del mercado pasarán a consolidarse junto a otro tipo de activos convencionales, convirtiéndose en un producto bursátil más.

Aunque este proceso todavía no está en curso, podemos apreciar cómo las plataformas de intercambio comienzan a exigir una serie de requisitos a los inversores en criptomonedas, que al comienzo no eran requeridos, lo que hace pensar que a corto plazo será equivalente a invertir en bolsa, FOREX o en criptomonedas.

El único problema hasta ahora era ese limbo extraño en el que se encontraban las criptomonedas, lejos del alcance de gobiernos, pero también del sistema bancario internacional.

Con el tiempo todo ello ha cambiado sustancialmente, y lo que en un principio era visto como un advenedizo, se empieza a ver con otros ojos, convirtiéndose ahora en un aliado más para realizar negocios.

Los pasos se van dando con mucha lentitud y quizás eso está provocando que el ecosistema de las criptomonedas sea visto como un parque temático de la volatilidad que solo atrae a los inversores más osados. Pero en el momento en el que el mercado sea completamente regulado, garantizado y apoyado por bancos centrales y gobiernos, la excesiva volatilidad dará paso a una calma y estabilidad en las cotizaciones, similar a la que vemos en los mercados convencionales, salvo sobresaltos puntuales derivados de crisis económicas o políticas.

No somos los más indicados para aconsejar sobre el mejor modo de invertir su dinero en criptomonedas, pero quizás lo más razonable es, como suelen decir los expertos, no poner todos los huevos en la misma cesta y diversificar mucho nuestros activos en los mercados.

Es probable —y nos atrevemos a afirmar que casi lógico—, que tras los movimientos muy convulsos en las cotizaciones de los primeros años, la estabilidad llegará a este tipo de mercados, lo que hará mucho más razonable una inversión convencional como las que habitualmente vemos en las bolsas y en FOREX.

Recordemos como ejemplo de esta volatilidad, que en 2010 un usuario encargó dos pizzas a domicilio que le costaron 10 000 bitcoins. En diciembre de 2017 un solo bitcoin cotizaba a 20 000 dólares, aunque ese fue de momento su techo y posteriormente comenzó a bajar de forma sustancial.

Mercados y plataformas alternativas de adquisición de criptomonedas

No queremos terminar con el entorno de las plataformas sin citar una serie de lugares nativos de internet y sin extrapolación como entorno físico de cambio e inversión, una serie de espacios que con una capitalización mucho menor y una importancia mucho más relativa en el mercado de criptodivisas, están consiguiendo abrirse un hueco entre los pequeños inversores, usuarios tradicionales de internet con pocos recursos o que incluso entran por estas vías en las criptodivisas.

Se trata de pequeñas plataformas y portales que ofrecen a cambio de pequeñas tareas, recompensas en forma de criptomonedas a través de las denominadas *faucets*. No tienen la importancia de las plataformas ya consolidadas y destinadas a un mercado más cercano al financiero. Podría decirse que se trata de puntos de salida para iniciarse en el mundo de las criptodivisas sin riesgo y sin desembolsar ninguna cantidad.

Coinpot

Coinpot es una de las más conocidas. A través de sus sencillas *faucets*, permite acumular Bitcoin, Bitcoin Cash, Dash, Litecoin y Dogecoin. Además, permite acumular *tokens* propios que se pueden intercambiar con las criptomonedas anteriores. Dispone de una herramienta de cambio mediante la cual se puede cambiar de unas monedas a otras según el tipo de cambio que exista en cada momento sin coste adicional alguno.

Aparte de las *faucets* propias tiene acuerdos con otras páginas que interactúan con ellos, para acumular en este portal las criptomonedas acumuladas en otras páginas.

Freebitcoin

Freebitcoin es otra de estas plataformas ya consolidada que, al igual que la anterior, permite a través de sencillas *faucets* acumular cantidades de criptomonedas de forma gratuita. A diferencia de Freebitcoin, ofrece varias alternativas para invertir el montante acumulado, bien a través de juegos aleatorios en los que se puede apostar o el préstamo de esa cantidad a un 4 %, ganancias que se acumulan automáticamente en tu cuenta. Es una forma sencilla de combinar varias posibilidades para iniciarse en el complejo mundo de las criptomonedas.

Faucethub

Otra de las páginas que con el paso del tiempo se han ido haciendo un hueco importante en este tipo de plataformas es Faucethub, que a través de sus *faucets* permite acumular distintos tipos de criptomonedas con Monero, Bitcoin, Primecoin, Bitcoin Cash, Ethereum, Zcash, Litecoin, Blackcoin, Peercoin, Bitcore y Potcoin.

Ofrece más de cien *faucets* por cada criptomoneda y sigue creciendo en volumen cada día.

También propone distintos tipos de juegos para apostar tus ganancias acumuladas o reinvertirlas para seguir en la senda del conocimiento y de la profundización de este tipo de cambio.

Eobot

Una opción interesante para comenzar a acumular criptomonedas nos la ofrece la plataforma Eobot, que básicamente es un sistema de minado virtual en el que podemos elegir entre más de treinta tipos de criptomonedas que el sistema comenzará a operar desde cero. Los ingresos tanto en criptomonedas como en dinero real pueden ser intercambiados a gusto del usuario. También permite cambiar las ganancias por potencia de minado. Y por supuesto, si se desea invertir una cantidad mayor, se puede contratar potencia extra de minado. Es un buen sistema para comenzar a trastear y conocer las bases de las criptomonedas.

He citado solo algunas de ellas, pero la importancia de Bitcoin y del resto de criptomonedas está impulsando el lanzamiento de este tipo de portales cada día más populares, quizá no entre los grandes inversores, pero sí entre los usuarios más modestos que no disponen de un gran capital para adentrarse en el mundo de las inversiones en criptodivisas.

Monederos

No estábamos seguros de dónde incluir este apartado, porque está relacionado con la mayoría de los capítulos que incluyen este libro. Se trata de una herramienta básica y clave para iniciarse en el mundo de las criptomonedas y que, por su novedad, dista mucho de las inversiones que se realizan en el mundo real con acciones o divisas.

Se trata de lo que se denominan monederos, *wallets* en inglés. Para buscar una semejanza con lo que ya conocemos en el entorno bancario y financiero, sería algo así como una cuenta corriente, pero con la diferencia de la codificación, seguridad e interactividad que permite la tecnología blockchain.

Para poder manejar Bitcoin o cualquiera del resto de criptomonedas, necesitaremos un monedero de bitcoins o de cualquiera de las criptomonedas con las que deseemos operar.

Existen dos tipos de monederos:

Están los que funcionan como un *software* convencional, donde te descargas la aplicación y en ella aparecen automáticamente las direcciones de cada monedero, esto es, la serie alfanumérica que identifica tu cuenta. Una de las más conocidas es Jaxx.

Al tratarse de *software* que se almacena en tu ordenador personal, deben tomarse una serie de precauciones para evitar que perdamos nuestro patrimonio en criptomonedas. Si el disco duro sufriera una avería, el programa se corrompiera y dejara de funcionar o se perdiera el equipo, todo lo que tenemos acumulado ahí sería historia, por lo que debemos esmerarnos en realizar periódicamente copias de seguridad para garantizarnos que esta contingencia no nos llegue a ocurrir en ningún momento. La ventaja de mantener en *software* nuestras criptomonedas es que nos ofrece un absoluto y total control sobre nuestras criptodivisas, al no depender de ninguna página, portal o plataforma ajena.

La otra opción que tenemos es la de adoptar monederos que ofrecen portales, sistemas de cambio de divisas, páginas que ofrecen recompensas, *faucets*, etc. Quizás en este punto las más fiables sean las correspondientes a los sistemas de intercambio similares a las bolsas, por ofrecer una serie de garantías que no pueden ofrecer los pequeños portales, y además estar supervisadas por órganos superiores financieros que velan porque todas las transacciones sean limpias, seguras y fiables.

Existen tantas como las que ya hemos mencionado: Poloniex, Coinbase, Binance, etc. A la hora de elegir es recomendable inclinarse por la que menor comisión de retirada nos ofrezca. Al ser un universo nuevo en el que el desconocimiento entre los neófitos es patente, los abusos a la hora de realizar operaciones y la cuantía de las comisiones pueden desplumar una cuenta en menos de lo que te imaginas. Elige con paciencia, analiza las condiciones, piensa en qué mercados y monedas vas a operar y exactamente cómo va a ser tu dinámica a la hora de manejar criptodivisas.

Por último, te recuerdo que para operar cada una de las criptomonedas necesitas un monedero independiente. Si te sirve mi experiencia personal, yo suelo usar los monederos de Coinbase —cuyas operaciones son gratuitas— para manejar cambios entre criptomonedas propias, Freebitcoin para prestar, y los monederos principales donde acumulo el grueso de mis criptomonedas los mantengo en Poloniex.

La experiencia me ha enseñado que es bueno diversificar incluso en monederos. También dispongo de monederos en Jazz, a través de su *software*, que tampoco me han dado ningún problema.

Mi recomendación es que analices tu operativa, busques las mejores condiciones, y una vez tengas claro lo que pretendes hacer en el mundo de las criptomonedas, optes por la solución que más se adapte a tus posibilidades.

El futuro de las criptomonedas

En este apartado sería muy apropiado diferenciar algunos conceptos para no errar el tiro, como se suele decir popularmente. Está claro que la tecnología blockchain, de donde parten la mayoría de las criptomonedas, ya ha sido incorporada y se usa habitualmente para asegurar y garantizar la fiabilidad de los sistemas de intercambio. Casi podemos asegurar que a medio y largo plazo seguirá creciendo, y que en un tiempo no muy lejano será el eje fundamental en el que se asienten la totalidad de las transacciones. Y no solo eso, sino que será el protagonista en un amplio ramillete de actividades cotidianas que comenzarán a administrarse por los principios rectores del blockchain.

No obstante, con el paso de los años esta tecnología tendrá que generar —de un modo u otro— un respaldo por parte de las principales autoridades económicas y gubernamentales, con el fin de obtener una legitimidad de derecho de la que ahora mismo carece. Es una etapa fundamental que deberá alcanzar para atravesar esa línea entre la alegalidad, la ausencia de garantías y el beneplácito de los inversores y operadores que ahora mismo operan en cualquier otro tipo de divisas, materias primas y otros productos bursátiles y bancarios.

En este punto, la resistencia del *status quo* financiero a los cambios y a la irrupción de competidores externos será determinante para verificar si este tipo de sistemas basados en la tecnología blockchain seguirá adelante o no. Lo cierto es que no se le pueden poner puertas al campo, y al igual que ha ocurrido con internet y la informática en general, intentar detener o socavar los avances que suponen la tecnología blockchain apunta a una reestructuración del ingente número de criptomonedas ahora mismo existentes.

Resulta evidente que las más de dos mil criptomonedas que ahora mismo coexisten en el mercado son demasiadas para un momento en el que los vaivenes económicos no ayudan en el ámbito internacional, por lo que lo más razonable sería pensar en una drástica reducción de este número, para dejarlo en poco más de diez.

Algo que sigue sin entenderse con claridad es que las principales monedas, Bitcoin y Ethereum, son más que un sistema monetario de intercambio, y que en realidad suponen una herramienta para realizar todo tipo de transacciones, intercambios, investigaciones, etc.

En este punto es fundamental diferenciar claramente la tecnología blockchain, íntimamente asociada a la mayoría de criptomonedas, y las criptomonedas en sí como medio de pago o divisa monetaria. Por ejemplo, Ethereum se está consolidando mucho más como herramienta que como criptomoneda, y en su sistema se basan muchos de los avances e investigaciones en este sentido. Incluso más que con el bitcoin y su universo de *software*, mucho más inclinado a la divisa en sí.

Las criptomomedas que consigan mantenerse vivas en un mercado tan agresivo deberán también atravesar la prueba de fuego de una verdadera crisis económica, para verificar si pueden constituirse también como refugio ante los avatares de la economía, algo que todavía no ha podido ser comprobado sobre el terreno. Quizá lo más cercano sería el caso venezolano, donde el gobierno, ante la falta de liquidez, decidió alumbrar una criptomoneda, el petro, que ya nació con demasiados problemas al ser respaldado por una economía que hacía aguas desde hace años y que imposibilitaba un reto de esta magnitud. De hecho, ante la debacle de su divisa, se intentó crear una criptomoneda virtual que se saltara todas las sanciones y los obstáculos que ellos mismos se crearon en un mercado global por la debacle de su economía.

Actualmente, el dólar y el euro son las divisas que reinan en el mercado por volumen. Tanto Rusia como otros países productores de petróleo afines intentan crear un sistema para competir con el dólar y quizás con el euro, aunque el potencial de esta iniciativa, debido a las sanciones a Rusia, China y la UE por parte de Estados Unidos, no ha tenido el éxito que se esperaba en un principio. Sin embargo el *ether*, criptomoneda muy apoyada por el Gobierno ruso, podría ser la herramienta para realizar este asalto al dólar desde las criptomonedas.

Es evidente que el sistema financiero, incluso el ligado a las criptomonedas, está cambiando a un ritmo que se sigue acelerando con los últimos avances informáticos tanto en *hardware* como en *software*. De hecho, los sistemas automáticos se están imponiendo en los mercados financieros frente a los operadores humanos, un avance que ya nació ligado a la cotización de las criptomonedas que basan su origen precisamente en la informática.

Al estar tan ligadas las criptomonedas a la informática, es de prever que a medio plazo los mercados convencionales se vayan fusionando con los específicos de criptomonedas, como ya está ocurriendo en algunas plataformas, y que sea la propia ley de la oferta y la demanda la que se encargue de delimitar el número y la fortaleza de las criptodivisas. Es muy posible que asistamos en los próximos meses o años a una reestructuración darwinista de este mercado, donde las que mejor se vayan adaptando a los avatares de los mercados reales consolidados, puedan mantenerse en el nuevo sistema híbrido.

No parece muy lógico que existan actualmente más de 2000 tipos de criptomonedas distintas. El transcurrir de los meses o de los años acabará por fortalecer los pilares de este gran mercado, desechando los materiales que ya no son necesarios para seguir creciendo, esto es, ese tipo de criptomonedas que se han ido sumando al grupo por inercia y que no sobrevivirán mucho tiempo en un mercado eminentemente real, como al que estamos acostumbrados ahora mismo con las divisas, los índices bursátiles o las materias primas.

En cuanto a criptomonedas concretas, es fácil asegurar que el bitcoin será una de las criptomonedas que se mantendrán en el futuro, aunque todavía debe consolidarse y buscar una estabilidad que ahora no tiene. Sufre de una volatilidad abismal, y esa limitación la hace poco atractiva para los inversores más conservadores, aunque no así para los más osados. Pero por pura lógica debería empezar a contentar a estos primeros inversores, que prefieren colocar sus ahorros en productos menos volátiles y que aseguren un riesgo menor. Algo que ahora mismo el bitcoin no tiene, y que supone un reto que deberá superar para ir colocándose como criptomoneda de referencia. Como ejemplo, podemos citar lo ocurrido en 2017, cuando el bitcoin estuvo rozando los 20 000 dólares por unidad, y un año después había caído por debajo de los 4000. En su defensa también podemos señalar su fulgurante subida en poco más de un año, que lo catapultó desde apenas 1000 dólares a los 6000 en tiempo récord.

Estos movimientos tan abismales no son del gusto de los inversores tradicionales, y por ese motivo y de momento, el bitcoin está todavía en manos de aquellos a los que les gustan las emociones fuertes.

Durante el segundo semestre de 2017 y el primero de 2018, mantuvo una estabilidad en torno a los 6000 dólares que hacía presagiar que por fin esta criptomoneda comenzaba a asentarse, pero tras un año con unos números más o menos estables empezó a caer con mucha fuerza.

Otra de las criptomonedas que a buen seguro será referente en el futuro es el Ethereum y no exactamente por su papel como sistema de intercambio monetario propiamente dicho. El Ethereum fue una de las ramificaciones con las que culminó un proyecto que sigue evolucionando, y que se basa en un sistema descentralizado en el que se han incorporado prácticamente todo tipo de disciplinas relacionadas de algún modo con la informática. Un sistema descentralizado tan potente y tan seguro es el elegido por un buen número de creadores.

Por citar sólo un ejemplo, las *DAaps* o aplicaciones descentralizadas están dando un nuevo estímulo a los creadores de *software*. Estos han encontrado una herramienta muy potente para poder desarrollar todo tipo de programas, juegos, etc., y este tipo de aplicaciones se están constituyendo por sí mismas como un potente apéndice de Ethereum. También el mundo de la investigación ha encontrado una excelente fórmula al combinar el blockchain que proporciona Ethereum con los últimos avances en casi todas las ramas de la ciencia, lo que permite explorar nuevos campos que hasta ahora no habían sido recorridos. Probablemente en los próximos meses y años asistiremos al anuncio de varios productos, materiales y sistemas que hasta ahora las limitaciones hacían inviables.

Algo más conocido dentro del sistema blockchain de Ethereum y que ya se está utilizando desde hace unos meses es el sistema de intercambio contractual que se realiza de forma segura, y que recibe el nombre de Smart Contract. Al disponer todos los elementos descentralizados de la misma información, el error o el fallo es fácilmente corregible, por lo que cada día que pasa más compañías lo están adoptando. Esta ramificación del blockchain de Ethereum quizás es la que con más rapidez se va consolidando, sobre todo en el mundo financiero, bancario y comercial.

Resulta lógico pensar que con el aumento de las prestaciones de los equipos informáticos, los protocolos que hoy conocemos para generar criptomonedas se quedarán obsoletos y serán sustituidos por otros mucho más avanzados que puedan sacar todo el partido a la proliferación de núcleos, de *cores*, etc. De ese modo, la multiplicación de las operaciones de los procesadores permitirán la creación, el funcionamiento y la operatividad de algoritmos cada vez más complejos y que estarán únicamente limitados a la velocidad de procesamiento, aunque conforme vaya avanzando el *hardware* que permita realizar operaciones mucho más complejas, se irán incorporando el *software* y los algoritmos que saquen el máximo provecho de cada operación.

Hablar del futuro sobre una rama tan cambiante como la informática, en la que cualquier adelanto supone un avance exponencial que deja corto al anterior, nos hace

pensar que a largo plazo el sistema generador de criptomonedas que conocemos ahora mismo no tendrá nada
que ver con lo que podamos ver en un futuro no tan
lejano.

Tal como hemos comentado, es seguro que muchas de
las criptomonedas que conocemos hoy desaparezcan, incluso las más conocidas, pero lo que está claro es que el
sistema blockchain ha llegado para quedarse, y en muchos casos para sustituir procesos e incluso asegurar y
garantizar su funcionamiento, mientras sigue evolucionando en prestaciones y funcionalidades.

Epílogo

Innovación y predicción: dos retos y un destino
para las criptomonedas

El talento y la tecnología, cuando se combinan, son un buen maridaje y constituyen un frente amplio capaz de cubrir casi todos los ámbitos de la vida, desde los científicos hasta los de menor entidad. Mezclando ambas cualidades se viene trabajando para hacer más fácil la vida cotidiana y se da la respuesta a casi todos los problemas, desde los socio-económicos hasta los educativos y sanitarios, por citar algunos ejemplos. Sin duda se producirán transformaciones absolutas de nuestro entorno más cercano causado por los avances tecnológicos, que no somos capaces de vislumbrar por mucha predicción que se haga. En una o dos décadas nuestro mundo se habrá transformado por completo. Lo disruptivo va a ser la norma y en ese escenario hay poco que pueda preverse. Lo importante será nuestra capacidad de adaptación y nuestra habilidad para amoldarnos a lo que nos depara el futuro presente. Los coches autónomos o los diagnósticos médicos ayudados por equipamientos biomédicos, como hasta ahora viene siendo habitual, estarán dotados de mayor potencia, pues incorporarán inteligencia artificial, *machine learning* y técnicas como *data analitics*, que nos permitirán ampliar la base de conocimientos mejorando las capacidades diagnósticas Estos son algunos de los cambios que nos esperan, pero hay muchos más. Las ciudades serán inteligentes (*smart cities*), mejorando las condiciones medioambientales, y la esperanza de vida aumentará significativamente gracias a la biotecnología. Podemos hacer previsiones, trazar planes e intentar adivinar lo que ocurrirá, pero lo cierto es que no lo sabemos por mucho que nos empeñemos.

Los elementos del mencionado binomio tecnología-talento se buscan hasta encontrarse, para finalmente acabar unificándose. Las empresas convierten en *business* los resultados del maridaje mencionado. Queda por tanto pensar en algunas de las consecuencias más inmediatas que debemos tener en cuenta, para no dejarnos arrollar por el cambio hacia una economía digital, que irremediable e irreversiblemente está transformando todo el mundo productivo y de los servicios, tal y como lo veníamos conociendo hasta la fecha. Con la aparición de las criptomonedas, implícitamente se está desarrollando una superestructura de pago, desarrollándose nuevos valores por encima de las monedas de curso legal universalmente aceptadas, sobre las que se mueve la economía mundial. Por citar una de las más conocidas, como es el caso del bitcoin, su proceso consiste en crear una transacción que atiende una red de 80 000 ordenadores en todo el mundo, que disponen de un tiempo máximo de diez minutos para resolver un algoritmo asociado a la operación económica implícita. El lunes 10 de junio de 2018, la moneda virtual por excelencia se desplomaba más de un 10 % y se situaba por debajo de los 6800 dólares (llegó a superar la barrera de los 12 000 dólares) y ampliaba la caída anual al 53 %. El valor actual del bitcoin alcanza los 3347,40 €. En concreto, se han vendido 46 000 millones de dólares, pero su caída lastró al resto de criptodivisas. Así, entre las más conocidas la peor parte se la llevaba Litecoin, con un 39 %, Titcoin, con más de un 15 % o Ethereum con otro tanto.

Al hablar de las criptomonedas hemos mencionado la palabra mágica de este nuevo tiempo: algoritmo. Habrá algoritmos para casi todo, como controlar el tráfico incluyendo la conducción de los coches autónomos, que vendrán a reducir la tasa de siniestralidad actual. Como bien decía Yuval Noah Harari, la estructura social será diferente. Noah alertaba del poder casi imperial que podían llegara a tener empresas muy poderosas que tuvieran en su poder el algoritmo que regularía el tráfico mundial, con lo cual pasaríamos a ver un nuevo concepto empresarial denominado algo así como «cibermonopolios», lo cual conllevaría una concentración de poder en unas cuantas compañías que podrían hacer innecesaria la intervención humana en algo tan importante como el mencionado tráfico de vehículos y trenes.

Pero centrémonos en el desarrollo temático de este libro: las criptomonedas o «cristomonedas», esta nueva forma de divisa digital que ha generado un autentico caos en los sistemas monetarios convencionales. En tecnología siempre hay que distinguir entre aquellas que son estables y las que irrumpen de forma explosiva arrastradas por una tendencia, y que más bien hay que tratar como una moda efímera, pero de gran impacto. Es evidente que en todo este fenómeno de las criptomonedas subyace un tanto por ciento elevado de este segundo, y prueba de ello es la proliferación de tanta divisa digital cuya autoría —y sobre todo su viabilidad— es poco menos que cuestionable. Invertir en ellas es una práctica de alto riesgo, pues ni la estabilidad ni la fiabilidad están garantizadas en un alto porcentaje. Este sería el caso del petro, una criptomoneda venezolana que aparece como la solución a los problemas del país caribeño en palabras de su inefable presidente Nicolás Maduro. Atapirire es una ciudad que, según el Gobierno, está rebosante con 5000 millones de barriles de petróleo. Venezuela asegura que esas reservas son el respaldo del petro que Maduro lanzó en febrero de 2018. La moneda no se vende en ningún lugar importante de intercambio de criptomonedas. No se conocen «tiendas» que lo acepten y son pocos los compradores que publicaron sus experiencias en foros *on line* de criptomonedas; lo más curioso es que de los pocos que lo hicieron, ninguno quiso identificarse... Todo un síntoma. Maduro afirma que las ventas de petros ya han recaudado 3300 millones de dólares y que la moneda se está utilizando para pagar las importaciones. Pero Hugbel Roa, un ministro del gabinete involucrado en el proyecto, dijo a Reuters que la tecnología detrás de la moneda todavía está en desarrollo y que nadie ha podido hacer uso del petro. Esta situación nos viene a confirmar cómo sin control ni validación alguna se pone en circulación una criptomoneda en el mercado, y el nulo valor y garantías que ofrece cualquier transacción que haga referencia a operaciones realizadas en esta divisa digital.

Este ejemplo de moneda emitida por un país cuyo valor está en entredicho, tiene su contrapunto en el país que quizás ha apostado más fuerte por la transformación digital como es el caso de Estonia. Los planes de emisión de una criptomoneda estatal fueron desechados después de que la iniciativa recibiera críticas de parte de las autoridades bancarias locales y de Mario Draghi, presidente del Banco Central Europeo (BCE). Desde agosto de 2017, Estonia había planteado la posibilidad de emitir una divisa digital denominada *estcoin*, en el marco del programa basado en la tecnología blockchain, e-Residency. Dicho programa contempla el registro de extranjeros que llegan a Estonia a establecer negocios y permite la obtención de una identidad digital emitida legalmente y el acceso a los servicios públicos *on line*. Mario Draghi, manifestó su desacuerdo con los planes anunciados por Estonia y fue muy directo en sus declaraciones: «Ningún estado miembro de la Unión Europea puede introducir su propia moneda; la moneda de la zona euro es el euro». Esta posición fue luego respaldada por el gobernador del Banco Central de Estonia, Ardo Hansson, quien lamentó los informes tendenciosos y mal informados engañosos emitidos por agencias gubernamentales sobre el *estcoin*. Finalmente, la única viabilidad que se le otorga a dicha criptomoneda, es mantenerse como un *token* para facilitar transacciones dentro de la comunidad de los e-residentes.

Hemos visto por tanto dos casos antagónicos del uso de las criptomonedas a nivel estatal, algo que sin duda marcará su futuro, pero tenemos un tercer ejemplo muy cercano y reciente en nuestro propio país: la criptomoneda independentista, o lo que podíamos denominar «el bitcoin con barretina». Desde la cúpula de ERC y Convergència —o PDCat, como se llama ahora— encargaron a tres hombres de confianza el diseño de una criptomoneda a adoptar tras la «independencia», pero como esto de la unidad de acción no parece ser la norma, de hecho se crearon dos tipos de divisa digital, que trataron de ganarse la confianza de los dirigentes proindependentistas. Son dos proyectos con características similares, con una credibilidad solo en círculos concienciados políticamente con el *procés* y de dudosa rentabilidad. Todo viene por la remotísima posibilidad de que Cataluña consiguiese la independencia, con lo cual su salida del euro sería automática y tendría que proveerse de una moneda. De esta manera, nació el *croat*, cuya denominación rememora una moneda de plata del siglo XIII, emitida desde Perpignan y Barcelona. La intención es poner en circulación algo más de 100 millones de *croats*, lo que equivaldría en su valor virtual a unos dos millones de euros. Esta moneda utiliza firmas y direcciones de un solo uso para pagos anónimos y hasta ahora, según sus creadores, hay alrededor de cuarenta empresas en toda Cataluña que aceptan pagos en *croats*. Pero como ya hemos mencionado, el *croat* tiene un duro competidor llamado *catalancoin*, la segunda criptomoneda catalana. Sus impulsores se mantienen en el anonimato más absoluto, aunque el servidor que utilizan en Manacor (Mallorca) ya ha sido utilizado también para hacer otros negocios vinculados con el independentismo, y alguna pista sobre ellos ya tienen los servicios de inteligencia españoles. Como todo lo que rodea al *procés* está muy marcado por un gran despliegue propagandístico, recientemente se anunció a bombo y platillo en los foros independentistas el nacimiento de la nueva y primera moneda digital ecológica de Cataluña. El proyecto de *catalancoin* fue inmediatamente respondido por los impulsores de *croat*, que iniciaron una campaña para captar inversores. «Si tú también crees que es ya la hora de un cambio, utiliza la criptomoneda catalana *croatcoin*. Comienza a crear un monedero en (…)», anunciaron a través de las redes sociales en una comunicación dirigida a proindependentistas. Así, el *croat* es vendido como la «moneda alternativa de los catalanes», anunciando regalos de *croats* a quien abra un monedero virtual. Según datos del pasado 11 de diciembre de 2018, el valor del croat era de 0,0024 euros… Nada mas que comentar al respecto.

Partimos de la teoría de que las criptodivisas no son solo un código de identidad estatal, sino una red financiera que puede extenderse y desarrollarse igualmente en determinados colectivos, como es el caso de *takeicoin*, creado en el colectivo LGTBI con la idea de crear identidad económica en lo que no parece más que una simple manera de ganar notoriedad en ciertos sectores sociales, económicos o políticos. En cualquier caso, el grave problema con el que nos encontramos es que no existe ningún órgano internacional que «homologue» la salida de una criptomoneda, y es evidente que sin esta mínima garantía, es muy difícil dar viabilidad a cualquier divisa digital.

El World Economic Forum (WEF) publicó un artículo el pasado 31 de octubre de 2018 con el título «Bitcoin tiene diez años: así es como comenzó y hacia dónde se dirige». Conmemora los diez años de la publicación de la hoja de ruta del bitcoin y fue escrito por el Dr. Jack Rogers, profesor titular de economía en la Universidad de Exeter en el Reino Unido. En el artículo se hace una breve reseña de la obra de Nakamoto, el contexto en el que fue publicada, los intentos fallidos antes del bitcoin, así como de los ideales que cimentaron el proyecto. Pero en otra parte del artículo, Rogers afirma que actualmente la criptomoneda que más se alinea con las premisas de Nakamoto es el Bitcoin Cash (BCH): «Solo hay un blockchain que es consistente con la visión de Nakamoto: Bitcoin Cash, un llamado *Hard Fork* de bitcoin que generalmente comparte la misma historia y protocolo, excepto por dos detalles cruciales. Los bloques de la cadena son 32 veces más grandes que el bitcoin original, y están creciendo», argumenta Rogers. Esto implica que se pueden realizar más transacciones por bloque, lo que se traduce en tarifas por transacción más bajas. Además, algunos códigos que fueron bloqueados en el bitcoin original fueron retomados por BCH, lo que le permite realizar *smart contracts* similares a los de Ethereum.

Es importante destacar que el índice tecnológico bursátil NASDAQ estaría preparando el lanzamiento de sus contratos a futuro de bitcoin para el primer trimestre de 2019. La bolsa neoyorquina mantiene sus planes a pesar del desplome del criptomercado, según un informe publicado el martes 27 de noviembre por Bloomberg. La información recoge que NASDAQ ha estado trabajando para minimizar las dudas o las preocupaciones que tendría la Comisión de Comercio en Futuros sobre Mercancía de los Estados Unidos (CFTC), una agencia independiente del gobierno que tiene como misión regular los mercados de futuros y de opciones. Personas, familiarizadas con los planes de la bolsa, afirmaron que todavía hay interés en abrir este mercado para el presente año previsiblemente en el primer trimestre de 2019. Queda por comprobar cómo afectaría el ya mencionado *crack* del bitcoin del verano pasado, cuando se produjo el derrumbe en los precios de los criptoactivos y si esto estaría afectando la creación del nuevo mercado. Es importante mencionar que diversos artículos aparecidos en prensa señalaron que tanto NASDAQ como la firma Cantor Fitzgerald lanzarían futuros de bitcoin. En noviembre de 2017 se informó que el mercado se abriría a mediados de 2018, y sin embargo nada ocurrió. En enero de 2018, Adena Friedman, CEO de Nasdaq, declaró que estaban replanteando sus planes con respecto a los futuros de bitcoin y analizando la gestión de riesgos implementando los protocolos correctos, con la esperanza de que exista una demanda adecuada y que el *smart contrat* sea diferente de los que ya existen.

Aunque el interés de NASDAQ por los futuros de bit-coin parece estar tomando forma, no es la única que tiene la mira puesta en ellos. De hecho, CME Group y Cboe Global Markets ya los comercializan entre los inversionistas desde diciembre del año 2017. Después que ambas firmas listaron sus futuros, la CFTC anunció un proceso de revisión mejorado para los intercambios que buscarían listar derivados de criptomonedas. Para enero de 2019 también entrarán en lista los futuros de Bakkt, una alianza entre Microsoft, Starbucks y el New York Stock Exchange (NYSE), lo que se traduce en que el mayor mercado de valores del mundo también tendrá una relación más cercana con los futuros de bitcoin. Esta aproximación del NASDAQ y el NYSE, con los contratos a futuros basados en bitcoins, se presenta a pesar de que ambos han guardado distancia con respecto a las criptomonedas en el pasado.

Capítulo aparte, quedarían por analizar dos aspectos fundamentales que comprometen grandemente el desarrollo de las criptomonedas: la fiscalidad, pieza de caza mayor para las haciendas públicas de cualquier país, y la otra gran preocupación relativa al papel que juegan las criptomonedas en el blanqueo de capitales. Empezando por este último, es evidente que con la configuración actual de las divisas digitales, cualquier usuario puede mover dinero, lícito e ilícito, desde el más absoluto anonimato y sin que ninguna entidad bancaria tenga la obligación de informar a ningún órgano estatal sobre operaciones sospechosas de blanqueo a través de su correspondiente unidad de inteligencia financiera. En España, el Servicio de Prevención de Blanqueo de Capitales (SEPBLAC) es el encargado de rastrear operaciones ilícitas de dinero. Como bien sabido es, basta disponer de un monedero electrónico con una clave pública, similar a un número de cuenta corriente, y otra privada —equivalente a la contraseña bancaria—, para hacer uso de este depósito de valor, de forma invisible y ubicua. Con esto queda abierta la posibilidad de mover dinero ilícito con libertad a través de Internet, pudiéndolo canjear después por cualquier moneda convencional regulada, operación que se facilita mediante las casas de cambio virtuales de criptodivisas. Esto, unido a la falta de control y al vacío legal existentes para prevenir actividades delictivas, ha hecho saltar las alarmas en los cuerpos policiales encargados de luchar contra el blanqueo, y en los supervisores bancarios responsables de prevenirlo. La Europol ha distribuido recientemente un manual entre los cuerpos policiales de los países de la UE, en el que se recogen las directrices de cómo investigar criptomonedas. El documento abarca un total de 1913 monedas digitales contabilizadas según este organismo internacional. Por su parte, el Parlamento Europeo aprobó el pasado 19 de junio de 2018 una modificación de la directiva relativa a la prevención del blanqueo de capitales y financiación del terrorismo (la llamada quinta directiva en esta materia), en la que propone que los proveedores de servicios de cambio de monedas virtuales por fiduciarias y los que custodian las claves criptográficas de los monederos electrónicos, rindan cuentas de las operaciones que tramitan. El objetivo es crear una base de datos en la que se registren las identidades y las direcciones de monederos electrónicos (*virtual exchange*), de manera que sean accesibles para las unidades de inteligencia financiera con el fin de prevenir el blanqueo. Sin embargo, habrá que esperar hasta 2020 para poder aplicar este escenario jurídico, ya que los países disponen de este plazo para hacer la trasposición de dicha directiva comunitaria a su legislación nacional. Cabe recordar que en esta lucha contra el blanqueo de capitales la UCO (Unidad Central Operativa de la Guardia Civil), que tan eficazmente actúa contra delitos económicos, desarticuló mediante la Operación Tulipán Blanca una organización criminal dedicada al blanqueo de capitales procedentes del narcotráfico a través de la compra de bitcoins por valor de ocho millones de euros.

En cuanto a la fiscalidad, el pasado mes de octubre de 2018, el Consejo de Ministros aprobó un anteproyecto de ley de lucha contra el fraude que pone especial énfasis en la lucha contra la opacidad de las criptomonedas. En numerosas ocasiones estas se han empleado para esquivar a la Agencia Tributaria gracias a su opacidad, por lo que Hacienda obligará a los residentes fiscales a informar sobre la tenencia de criptomonedas, así como las operaciones realizadas con las mismas. Hacienda obligará a informar de todas las operaciones de los residentes fiscales, ya se realicen en España o en el extranjero. Esta medida no solo tiene un gran impacto en la lucha contra el fraude, pues esta es su primera exigencia recaudatoria, sino que también servirá para controlar la financiación de operaciones vinculadas al proindependentismo catalán, muy activo en este terreno como hemos visto, el cual se ha movido a espaldas de la Agencia Tributaria con el fin de ocultar los movimientos económicos que tuvieron su punto álgido con motivo del simulacro de referéndum del 1 de octubre de 2017. Con esta medida, el Gobierno se asegura la trazabilidad de las operaciones, debido a la obligación que se exige al donante, que tendrá que informar a la Agencia Tributaria de esta operación. De este modo, la Agencia Tributaria controlará los envíos de dinero al expresidente Puigdemont y al Consell de la Republica. Si finalmente se aprueba el anteproyecto de ley, los inversores en divisas digitales tendrán que informar al fisco de todas las operaciones y los saldos de criptodivisas en España y el extranjero. Queda también referir el papel tributario al que se ven sometidos aquellos que ganan dinero con las transacciones, el caso de los llamados «mineros». Minar criptomonedas implica destinar la potencia de procesamiento de un ordenador para realizar los cálculos necesarios con el fin de verificar las transacciones de esa moneda digital. Como resultado se recibe una compensación económica en esa criptomoneda. Dado que en ese proceso no existe un cliente final, no se puede emitir factura, de manera que las operaciones de minado de criptomonedas no están sujetas a IVA, ni en España ni en el resto de la Unión Europea, pero sí tendrán que presentar trimestralmente el modelo 130, mediante el cual vas pagando un anticipo del 20 % de la declaración de la renta sobre el rendimiento de tu actividad. Luego tendrás que declarar a Hacienda los bitcoins u otras monedas virtuales en el IRPF.

Si en lugar de minar criptomonedas alguien realiza la compraventa de las mismas, el escenario es diferente. En primer lugar, las operaciones de venta están sujetas a IVA, aunque exentas de su pago. En lo que respecta al IRPF, las criptomonedas se consideran simples bienes que pueden ser vendidos o transmitidos y, como tal, generan pérdidas o ganancias, las cuales se deben señalar en el IRPF. El porcentaje a tributar dependerá de los beneficios, oscilando entre el 19 % para ganancias inferiores a los 6000 euros hasta el 23 % para ganancias superiores a los 50 000 euros.

Actualmente la Agencia Tributaria tiene controlados a un total de 15 000 contribuyentes que en el último año han hecho una operación u otra con criptomonedas. Recién estrenado 2018, el organismo puso en marcha una campaña, por la que se enviaron requerimientos a un total de sesenta entidades. Estos 15 000 contribuyentes permanecerán bajo intensa vigilancia de Hacienda, con el fin de detectar si en la próxima campaña de la declaración de la renta dan cuenta de los beneficios obtenidos a través del intercambio y la negociación llevada a cabo con diferentes tipos de criptomonedas, como pueden ser bitcoins o *ethereum*, entre otros. Aunque no todos serán investigados al detalle, parece que a partir de ahora se hará una selección de aquellos perfiles que presentan más riesgos y se supervisará especialmente que en la campaña de la Renta 2018 estos contribuyentes declaren las plusvalías generadas en la negociación de criptomonedas. Los organismos públicos saben a ciencia cierta que los beneficios que obtendrán por la declaración de este tipo de transacciones no serán demasiado cuantiosos, pero confían en el efecto disuasorio al anunciar el intenso control sobre quien realice transacciones financieras con criptomonedas.

En definitiva, las criptomonedas han venido para quedarse, pero aún queda mucho camino que recorrer y una enorme criba de todas ellas, donde al igual que en el reino animal solo sobrevivan las mas fuertes. La necesidad de regulación es otro de los puntos clave para entender su existencia, donde debe acabarse con la proliferación de divisas digitales sin control ni garantías.

Hemos pasado por distintas formas de pago en los últimos años, y el *e-commerce* ha depurado medios por sí mismo. Cuando ya creíamos que Pay Pal era el método universal y de futuro, la tecnología nos sorprende con nuevos métodos cada vez más seguros para realizar nuestras compras. En el caso de las criptomonedas, su desarrollo viene de manera inherente relacionada con el futuro de la tecnología blockchain, cuya actividad está actualmente un tanto ralentizada, esperando un nuevo impulso en los próximos tres años. Blockchain no es solo criptomoneda, pero es cierto que estas no existen sin blockchain. El futuro es el presente y las predicciones tecnológicas no solo confirman la existencia de la economía digital como gran motor de todos los cambios estructurales que vienen de forma imparable. El dinero físico parece que tiene los días contados, pero el uso de las criptomonedas, ¿aumentará o reducirá la brecha digital entre las economías más sólidas y las más pobres? .

Espero —estoy seguro— que este libro, *Criptomomedas*, pueda darle una magnífica visión al lector, con todo lo expuesto en él.

José Joaquín Flechoso Sierra

Director de Estrategia TIC en la Gerencia de Informática de la Seguridad Social (Ministerio de Trabajo, Migraciones y Seguridad Social)

Bibliografía

Smith, Mark. *Criptomonedas:* Blockchain, Bitcoin, *Ethereum.* 2018.

Torras Ragué, Joan. *Criptomonedas desde cero.* 2018.

Márquez Solís, Santiago. Bitcoin. RA-MA S.A. Editorial y Publicaciones. 2016.

Tormo, Saúl y Muñoz, Arturo. *Cómo valorar criptomonedas e invertir en las mejores.* 2018.

Yakamoto, Akito. *Criptomonedas, comercio e inversión.* 2018.

Serrano, Justo y Miró, César. *Secretos de las criptomonedas.* 2017.

Pascual Moreno, Sonia. *Criptotrading.* 2017.

Abratte, Cristian. *El poder de las criptomonedas.* 2018.

Rojas, Moisés y Rivers, Colin. *Secretos de las criptomonedas.* 2018.

Walker, Wayne. *El siguiente nivel de inversión en criptomonedas.* 2018.

Delgado y Ugarte, Josu Imanol (26 de junio de 2017). ¿Las criptomonedas desestabilizarán el equilibrio del poder económico?. *El Economista* (edición digital).

asesorum
asesoría para pymes y autónomos

Patrocinio

Asesorum ofrece sus servicios de gestoría para pymes y autónomos en toda España.

Nuestros procedimientos operativos nos permiten ajustar los precios de los servicios para ser, sin duda, los más económicos del mercado.

En **Asesorum** te asignamos un gestor personal, con nombre y apellidos, que será quien se encargue de tu cuenta. Te ofrecerá un asesoramiento permanente e ilimitado, te avisará de las diferentes obligaciones, contables, fiscales y laborales y conocerá tu contabilidad y las especificaciones de tu actividad para ofrecerte el mejor servicio.

En **Asesorum** podrás consultar con tu gestor siempre que lo necesites y para lo que necesites, por teléfono, por email, por chat, por videoconferencia, como te sea más sencillo.

Web: **www.asesorum-asesoria.com**
E-mail: **info@asesorum-asesoria.com**
Tfno.: **900 49 48 35**

Autores para la formación

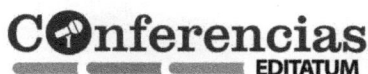

C**O**nferencias
EDITATUM

Editatum y **GuíaBurros** te acercan a tus autores favoritos para ofrecerte el servicio de formación GuíaBurros.

Charlas, conferencias y cursos muy prácticos para eventos y formaciones de tu organización.

Autores de referencia, con buena capacidad de comunicación, sentido del humor y destreza para sorprender al auditorio con prácticos análisis, consejos y enfoques que saben imprimir en cada una de sus ponencias.

Conferencias, charlas y cursos que representan un entretenido proceso de aprendizaje vinculado a las más variadas temáticas y disciplinas, destinadas a satisfacer cualquier inquietud por aprender.

Consulta nuestra amplia propuesta en **www.editatumconferencias.com** y organiza eventos de interés para tus asistentes con los mejores profesionales de cada materia.

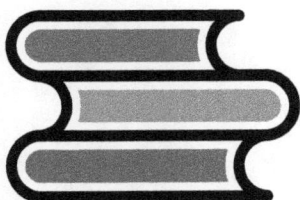

EDITATUM

Libros para crecer

www.editatum.com

Nuestras colecciones

Guías para todos aquellos que deseen ampliar sus conocimientos sobre asuntos específicos, grandes personajes, épocas, culturas, religiones, etc., ofreciendo al lector una amplia y rica visión de cada una de las temáticas, accesibles a todos los lectores.

CONOCIMIENTO Y SABER

Guías para gestionar con éxito un negocio, vender un producto, servicio o causa o emprender. Pautas para dirigir un equipo de trabajo, crear una campaña de marketing o ejercer un estilo adecuado de liderazgo, etc.

EMPRESA Y NEGOCIO

Guías para optimizar la tecnología, aprender a escribir un blog de calidad, sacarle el máximo partido a tu móvil. Orientaciones para un buen posicionamiento SEO, para cautivar desde Facebook, Twitter, Instagram, etc.

CIENCIA Y TECNOLOGÍA

Guías para crecer. Cómo crear un blog de calidad, conseguir un ascenso o desarrollar tus habilidades de comunicación. Herramientas para mantenerte motivado, enseñarte a decir NO o descubrirte las claves del éxito, etc.

CRECIMIENTO PERSONAL

Guías prácticas dirigidas a la salud y el bienestar. Cómo gestionar mejor tu tiempo, aprenderás a desconectar o adelgazar comiendo en la oficina. Estrategias para mantenerte joven, ofrecer tu mejor imagen y preservar tu salud física y mental, etc.

BIENESTAR Y SALUD

Guías prácticas para la vida doméstica. Consejos para evitar el cyberbulling, crear un huerto urbano o gestionar tus emociones. Orientaciones para decorar reciclando, cocinar para eventos o mantener entretenido a tu hijo, etc.

HOGAR Y FAMILIA

Guías prácticas dirigidas a todas aquellas actividades que no son trabajo ni tareas domésticas esenciales. Juegos, viajes, en definitiva, hobbies que nos hacen disfrutar de nuestro tiempo libre.

OCIO Y TIEMPO LIBRE

Guías para aprender o perfeccionar nuestra técnica en deportes o actividades físicas escritas por los mejores profesionales de la forma más instructiva y sencilla posible,

DEPORTE Y ACTIVIDAD FÍSICA

guía burros

Informe Económico financiero

Empresa y Negocio

guíaburros

El informe Económico Financiero

Cómo realizar un buen informe económico financiero de tu negocio.

Josu Imanol Delgado y Ugarte, Javier García Bononato

GuíaBurros El informe Económico financiero es una guía que te ayuda a realizar un buen informe económico financiero de tu negocio.

+INFO

http://www.informeeconomicofinanciero.guiaburros.es

guíaburros   El Controller de empresa

GuíaBurros El Controller de empresa es una guía que te ayuda a realizar el control total de tu empresa

guía burros

Inteligencia financiera

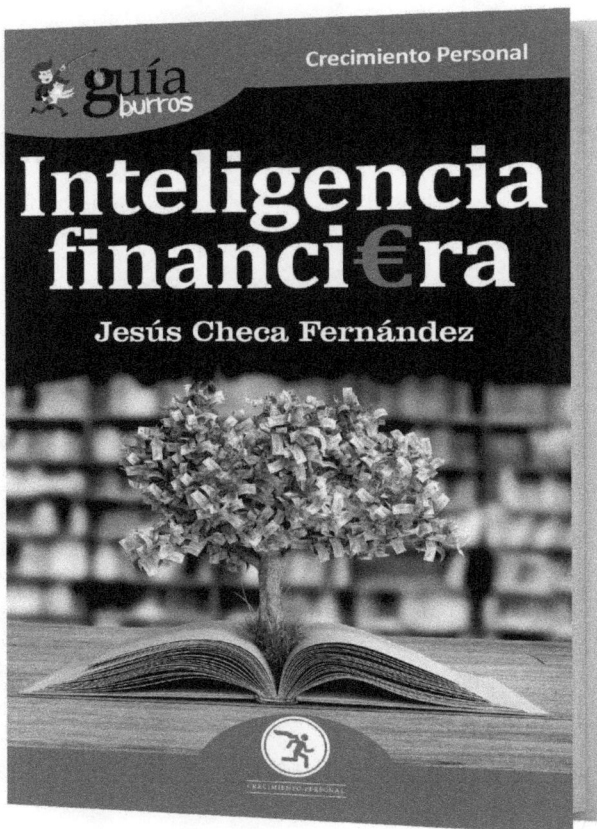

GuíaBurros Inteligencia financiera

El dinero no es para gastarlo, el dinero es para utilizarlo

guíaburros

Ciberseguridad

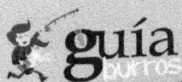

GuíaBurros Ciberseguridad es una guía básica con todo lo que debes saber para tener vidas digitales más seguras.

+INFO

http://www.ciberseguridad.guiaburros.es

guía burros

Bolsa

Crecimiento Personal

guía burros

BOLSA

Todo lo que necesitas saber para invertir con éxito

David Osman

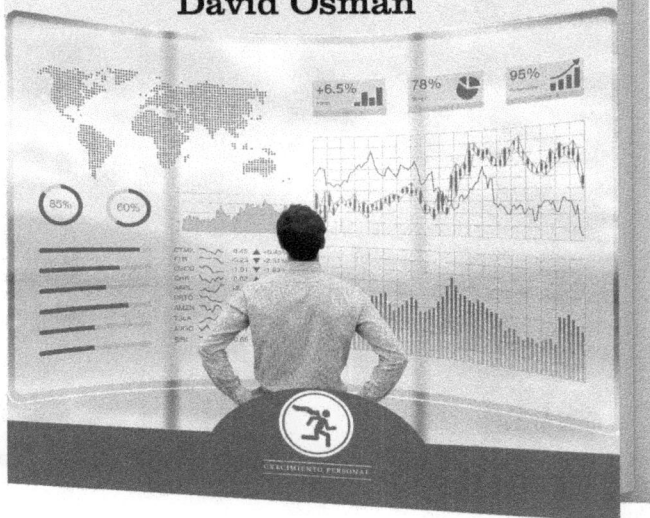

GuíaBurros Bolsa es una guía básica con todo lo que necesitas saber para invertir con éxito.

+INFO

http://www.bolsa.guiaburros.es

Nuestra colección